Promotion Ubu Roi

Olivier Saby

Promotion Ubu Roi

Mes 27 mois sur les bancs de l'ENA

*Avec la collaboration
de Christophe Quillien*

Flammarion

À celle qui a été de tous les voyages

20 août
18 mois
plus tard   Dans deux jours, le texte part à l'impression. Je n'en finis pas avec mon éditeur de corriger, d'amender, de couper, de souligner, de modérer. J'ai demandé à plusieurs camarades de promotion de me dire si les mots que j'emploie sont justes, si les souvenirs que je réveille sont les leurs. Ils m'ont rassuré et même soufflé quelques anecdotes que j'avais oubliées. L'un d'eux m'a cependant averti : « Tout ce que tu dis est vrai, mais je dois trop à l'ENA pour te soutenir publiquement. » Moi aussi, je lui dois beaucoup. Des rencontres que je n'aurais pas faites sans elle. Un métier que j'apprends et que j'aime déjà profondément. Pourquoi remuer ce passé ?

Je n'ai gardé aucune rancune. Il me reste cependant des souvenirs. Et le sentiment qu'il nous appartient, après ce cursus, de témoigner de ce que nous avons vécu. « Tu vas heurter du monde, te faire des ennemis », ai-je également entendu. Ce n'est pas mon intention. D'ailleurs, je ne vise personne : ni les Cruella en peau de phoque, ni les Dagobert d'ambassade, ni les Wintour dépassées, ni les Iznogoud de couloirs. Ceux que j'ai connus étaient là hier sous des noms différents ; d'autres demain viendront (*a priori*) les remplacer.

À l'École, il nous a été expliqué que le point de départ d'un bon raisonnement est toujours de rappeler l'existant. Je me plie donc à l'exercice.

Tout avait plutôt bien commencé…

I

LE BAPTÊME

Mauvais sang

12 déc. Allongé sur le dos, je scrute le vide. Des filets
17 h 00 de lumière transpercent mes rideaux et
jouent avec l'obscurité. Voilà des heures que j'ai les
yeux ouverts. Impossible de me lever. Quatrième
mois du concours et je n'ai que ça en tête. Ça tourne
en boucle. Moi qui me pensais tellement différent,
me voilà pris au piège. Tétanisé.

17 h 05 Ce n'est pas un lendemain de cuite. Je ne
bois pas. Ce n'est pas de la paresse. J'ai des poches
sous les yeux. Une forme de peur. Peut-être. J'ai
vingt-six ans. Je fais partie des privilégiés de ma
génération, fils multidiplômé de psychanalyste et
d'ingénieur, dont la crainte n'est pas d'être au
chômage ou de ne pas boucler ses fins de mois,
mais de perdre ses cheveux. Il y a donc autre chose.
Quelque chose qui me force à fixer le plafond
noirci par les années et que ma propriétaire refuse
de faire repeindre au motif qu'il n'y a plus de vrais
artisans.

17 h 12 Les résultats d'admission de l'ENA tombent dans dix-huit minutes. Ils seront affichés sur le mur des locaux de l'École à Paris et consultables sur Internet. Alors, j'attends. Aucune envie de me déplacer pour rencontrer les lauréats, surtout si mes derniers mois de bachotage acharné et de vie monacale n'ont servi à rien.

17 h 20 Encore quelques secondes. Nous y voilà. Je ne ressens rien. Tout va très vite. Les noms sont classés par ordre alphabétique. Les noms des reçus… Ils défilent sur mon écran. P, Q, R, S…
    J'en suis.

Après-coup

Heureux de ne pas avoir travaillé pour rien, je ne mesure pas encore tout ce que signifie ma présence sur cette liste. La tension nerveuse retombe d'un coup. Un an et demi à me battre pour ce concours : un an sur les bancs de la Prép'ENA de Sciences Po Paris, deux mois d'été de révision, cinq écrits, cinq oraux, trois épreuves de sport, beaucoup d'étapes, de doutes, d'obsessions et de kilos en plus. L'été surtout a été éprouvant, par son rythme, sa chaleur, sa routine : lever à sept heures, brève mise en route, révisions jusqu'à treize, pause déjeuner d'une demi-heure, bachotage jusqu'à vingt, séance de *Simpson*, course à pied, douche, dîner rapide, apnée jusqu'à trois, respiration à la fenêtre, air de Lyon, nuit de quatre heures, lever…
    L'ENA ! Ce n'est ni une obsession d'étudiant modèle, ni une tradition familiale. Je ne m'y suis

intéressé qu'une fois à Sciences Po, au contact de mes camarades d'amphi qui me confiaient leur goût du pouvoir. C'est là que j'ai décidé de tenter ma chance. Pour ne pas les laisser me gouverner un jour. Il m'a donc fallu me muter en bête à concours, ingurgiter des milliers de pages et les recracher le plus fidèlement possible. Même si le discours officiel aimerait nous faire croire que ce concours est plus et mieux que cela.

Les enseignants qui préparaient les sujets des épreuves blanches et qui nous corrigeaient en Prép'Ena sont globalement les mêmes que ceux qui ont choisi les sujets du concours et nous ont notés. Il suffit du reste d'observer la présentation d'une copie pour savoir d'emblée si un candidat se fera recaler. En être ou ne pas en être. Personne n'en parle, mais tout le monde sait que les élus sortiront du même moule, cet entre soi drapé de méritocratie.

Après cinq dissertations au sous-sol de l'Arche de la Défense en septembre, les oraux se déroulent tous sur le même mode. De novembre à décembre, le candidat, pour chaque matière, pioche un sujet dans une boîte. Dix minutes de préparation, dix minutes d'exposé et vingt minutes d'entretien face au jury. Le tout avec un public à quelques mètres : préparationnaires en repérage avant leur passage l'an prochain, camarades du candidat venus l'encourager, sadiques désœuvrés, ou concurrents directs s'invitant discrètement pour évaluer le niveau de la compétition et repérer le jury. Chaque candidat s'est d'ailleurs fait un devoir d'éplucher les biographies des jurés

afin de mijoter quelques éléments de langage susceptibles de les attendrir.

J'ai subi les oraux de finances publiques, de
questions sociales, de relations internationales,
d'anglais, sans oublier l'épreuve de sport. Un esprit
sain dans un corps sain. À voir nos silhouettes fati-
guées, en short, à 8 heures du matin, au centre
sportif de Vincennes, nous étions loin du compte.
« Ceux qui n'auront pas la force de nager, mettez-
vous près du bord, on vous repêchera plus facilement », s'esclaffait le maître nageur.

Pour finir, le fameux grand oral. Quarante-cinq
minutes de questions serrées, assénées avec cette
urbanité caractéristique du jury de l'École nationale
d'administration. Depuis quelques années, *exit* la
culture générale : les questions concernent le CV
des candidats. L'un des examinateurs, un préfet,
m'interroge sur une mission que j'ai effectuée chez
Pink TV : « La chaîne existe-t-elle encore ? — Oui,
mais depuis, la diffusion s'est spécialisée dans les
films de "catégorie 5". — Qu'entendez-vous par là ?
— Des films pornographiques, plus spécifiquement
gays, lesbiens, bi- et transsexuels. » Stupeur. Le jury
change de sujet. Martine Lombard le préside. Admise
à l'ENA à vingt ans, elle a refusé d'y entrer en
raison de l'impossibilité pour les femmes, à l'époque,
d'intégrer certains grands corps de l'administration,
comme l'Inspection des finances ou la préfectorale.
Elle s'est orientée vers l'Université pour devenir pro-
fesseure de droit et avocate. Une liberté de penser et
d'agir dans laquelle je me reconnais et qui m'a mis
en confiance.

Le baptême

La grande famille

15 déc. Séance d'accueil dans les locaux parisiens de
14 h 00 l'ENA, avenue de l'Observatoire, un ancien
monastère des Chartreux ayant abrité une fabrique
de poudre sous Napoléon, avant de devenir l'École
coloniale, puis l'École nationale de la France d'outre-
mer. Aujourd'hui rénové, le bâtiment entoure un
patio boisé, décoré de fines mosaïques. Sur les murs
du long couloir qui le borde défilent en photos
les anciennes promotions de l'École. On aperçoit
Jacques Chirac, Dominique de Villepin, François
Hollande, Ségolène Royal, Lionel Jospin, Jean-
François Copé..., alignés en costumes cravates et
tailleurs gris, jouant déjà à incarner l'État. Tant pis
si leurs habits paraissent trop grands, ils occuperont
tous des postes prestigieux à la sortie, et cinq pour
cent environ rejoindront à terme la politique. Pris
au jeu, je me surprends à les caresser du regard avec
un brin de convoitise.

Dans le hall, les félicitations fusent. Les nouveaux
admis, anciens concurrents, tentent de se persuader
qu'ils s'apprécient. Le contraire serait mal venu :
nous avons vingt-sept mois de formation à partager,
puis toute une vie de nominations. Très vite, certains verront dans notre groupe la plus humaine et
la plus sympathique des promotions. Un penchant
naturel, paraît-il, qui se confirme chaque année : ce
n'est pas le système qui est pervers, ce sont les autres.

Sur les deux mille candidats, quatre-vingts seulement sont restés dans le tamis, désormais préparés à
incarner l'élite de la nation. Assise à côté de moi
dans l'amphithéâtre, au milieu de nos nouveaux

17

camarades, ma voisine me souffle : « Ça fait beaucoup de monde quand même... On n'est pas si *happy few* que ça en définitive ! » C'est Justine[1], une ancienne avocate, que des connaissances communes m'avaient déjà fait rencontrer. Elle est entrée à l'ENA par le biais du troisième concours, réservé aux candidats issus du secteur privé, du syndicalisme ou du monde associatif. La fatigue se lit sur son visage. Elle semble regretter que rien ne soit encore gagné et qu'entre les quatre-vingts le match ne fasse que commencer.

Martine Lombard prend la parole. Son discours est ferme et sans concession : « Permettez-moi aujourd'hui, en même temps que de me réjouir pour vous et avec vous, d'avoir une pensée pour ceux qui sont restés de côté et qui ne sont pas présents lors de cette rentrée. Nous vous avons fait confiance, à vous plus encore qu'à tout autre. Et c'est aussi précisément pourquoi les félicitations que je vous ai adressées non seulement nous engagent mais, à mes yeux, vous engagent. [...] Pour constater alors si nous avons plus ou moins bien travaillé pendant ces longs mois que nous avons passés ensemble, j'aimerais vous donner rendez-vous non seulement au moment où vous choisirez vos affectations, d'ici quelque deux années, mais aussi dans dix ans, voire vingt ans, pour faire un bilan d'étape. » Belle émotion dans la salle et applaudissements nourris.

---

1. À l'exception des personnalités publiques, tous les noms ont été modifiés.

Martine Lombard passe le relais au directeur de l'ENA. On le sent heureux d'être avec nous, fier d'adouber les nouveaux membres de la tribu. Il est le gardien du temple. « Avant toute chose et à partir de maintenant, n'utilisez pas le terme "énarques", présentez-vous plutôt comme "élèves de l'École nationale d'administration". » La différence peut paraître mineure à un non-initié, elle est en réalité essentielle : ce sont nos détracteurs qui emploient ce mot. Et si des journalistes veulent notre avis sur un sujet d'actualité, prière de transmettre l'information au service de communication de l'École. Il en va de notre réputation, mais plus encore de notre survie. De toute manière, nous explique le directeur, ceux qui critiquent l'ENA ne sont pas passés par l'École. Sinon, la critiqueraient-ils ? Fin du discours, nouvelle salve d'applaudissements.

C'est à nous de prendre la parole. Tour de piste : les lauréats déclinent leur nom et leur pedigree. D'un côté, une quarantaine d'externes – jeunes diplômés de Sciences Po ou d'autres pôles d'excellence académique, à l'expérience limitée voire nulle ; de l'autre, autant d'internes venant de l'administration, plus âgés. Éparpillés çà et là, les candidats issus du troisième concours, plus mûrs eux aussi. Le doyen de la « promo » a quarante-deux ans, le benjamin en a vingt de moins. La moyenne d'âge est de vingt-sept ans. À la sortie, les premières places et donc les postes les plus prestigieux seront ravis par les jeunes prodiges.

Fin de la revue, rompez les rangs. Alors que Martine Lombard quitte la salle, l'une des nouvelles

recrues se jette sur elle. Stéphane est pâlot, jouf-
flu, les cheveux ébouriffés, mais son nœud de cravate ne souffre aucune critique. Après quelques
simagrées, l'ancien candidat demande à la présidente du jury si elle veut bien dédicacer un des
livres qu'elle a écrits et qu'il avait acheté pour anti-
ciper ses questions au grand oral. Pendant ce
temps-là, je reconnais Johanna, prostrée au fond
de l'amphi. Nous étions ensemble en Prép'Ena.
Elle et son petit ami ne se quittaient jamais : ils préparaient le concours en binôme. Ses yeux rouges, sa
mine déconfite disent son désarroi. Elle ne l'aura
plus à ses côtés et leurs routes vont sans doute se
séparer.

Je quitte les locaux de l'avenue de l'Observatoire,
direction le jardin du Luxembourg qui jouxte le bâtiment. En marchant le long des allées bien tracées,
autour des pelouses bien tondues, je me demande si
je ne vais pas me fondre dans le décor, en accepter les
formes, l'ordre et la censure.

Destination Jérusalem

16 déc. Port-Royal est plombé par la grisaille. Le
10 h 00 hall de l'École est vide. Le couloir principal
est muet, ses fantômes encadrés et sous verre. Je
croise quelques nouvelles recrues silencieuses, qui
viennent d'accomplir leurs formalités administratives. J'entre dans un bureau. Les agents que je n'ai
encore jamais rencontré me saluent immédiatement
par mon nom, selon le rituel : dans une famille, tout
le monde se connaît.

Chaque élève doit aussi rencontrer les membres de la commission des stages qui décideront de son affectation pour le « stage Europe » débutant dans quelques semaines. Ce stage porte mal son nom : il peut avoir lieu n'importe où dans le monde. Une appellation qui n'a d'autre but que de témoigner de l'engagement affiché par l'École en faveur de la cause européenne et de son ouverture sur l'extérieur, loin des préoccupations franco-françaises. Un comble quand on sait son indifférence à tout ce qui lui est étranger.

Tout va très vite depuis la proclamation des résultats du concours. Moins de quatre jours après avoir été admis, il faut rêver d'une destination et candidater ; la commission décide. Cette soudaine accélération du temps et ce choix sans frontières sont assez déstabilisants. Je m'étais interdit d'y penser avant, par superstition. Devant la salle de la commission des stages sont affichées de longues listes sur lesquelles figurent les affectations de nos prédécesseurs : Pékin, Brasília, Pretoria, Berlin… Le globe tourne devant mes yeux. Un aller retour payé par la République pour une formation accélérée à la diplomatie. Les premières légendes circulent. Il se murmure, parmi les élèves, qu'il ne faut surtout pas demander à partir en stage à New York au sein de l'ONU. La demande serait vouée à l'échec, et le prétentieux mis au ban de la sélection et envoyé au fin fond d'un pays perdu.

Quoi qu'il en soit, face à tous ces possibles plus exotiques les uns que les autres, l'audace n'étant pas une prérogative chez l'énarque, beaucoup d'entre nous choisissent Bruxelles. Il y a les traumatisés qui n'ont pas envie de se faire de nouvelles frayeurs après les montagnes russes du concours, ceux qui ploient sous les obligations familiales et souhaitent rester au plus près de Paris, ou encore les pseudo-stratèges qui considèrent que la Commission européenne est le lieu de pouvoir par excellence permettant de se constituer à moindres frais un réseau utile pour l'avenir. De mon côté, j'en ai déjà arpenté les couloirs pour le compte de la direction des affaires européennes du Commissariat à l'énergie atomique. Du coup, autorisé à planter mon drapeau presque n'importe où sur la mappemonde, je me vois déjà passablement loin de Bruxelles.

Le directeur des stages et ses deux adjoints sont assis derrière des bureaux alignés ; ils ont déjà vu défiler une dizaine d'élèves dont les dossiers d'affectation trônent en retrait dans la salle. Je demande à pouvoir effectuer mon stage au consulat général de France à Jérusalem ou à l'ambassade de France à Tel-Aviv, motivant mon choix par la volonté de partir dans une région où la diplomatie est active, où le travail de terrain est important. La commission veut en savoir plus. Serais-je prêt à faire mes valises pour Bagdad, Kaboul ou Téhéran ? Je n'y serais pas opposé, même s'il est rare qu'un stagiaire soit envoyé dans des zones aussi sensibles. J'esquive la question et reformule ma demande. Ils n'ont pas l'air de comprendre mon intérêt pour Jérusalem ou plutôt le trouvent-ils curieux. J'ignore si j'ai été convaincant. La commission ne se prononce pas instantanément. L'affectation viendra en son temps.

Le baptême

Crémaillère

5 janv. Toute la promotion se retrouve à Stras-
1ᵉʳ mois bourg. Dans les années 1990, l'École a
investi les murs d'une prison pour femmes, sise rue
Sainte-Marguerite. Un beau bâtiment, ancien hôpital pour varioleux transformé au XVIIIᵉ siècle en maison de correction, à l'entrée du quartier de la Petite
France, à cinq minutes de la gare. Victor Hugo
disait : « Ouvrir une école, c'est fermer une prison. »
Ici, on a fermé une prison pour y mettre une école :
pas de matricules, mais la promesse d'un numéro de
classement à la sortie.

Quand Édith Cresson, alors Premier ministre, a
signé le transfert de l'ENA à Strasbourg, les élèves
ont traîné des pieds et l'ont fait savoir, à la surprise
des Strasbourgeois qui en ont gardé une certaine amer-
tume. L'École insiste donc pour que nous prenions
nos marques en Alsace – ce qui ne nous empêche
pas, en majorité, de rentrer à Paris chaque week-end.
L'administration est d'ailleurs plutôt accommodante
en l'espèce : les cours commencent le lundi en fin
de matinée, après l'arrivée du TGV, et se terminent
le vendredi après-midi, juste à temps pour sauter
dans un train en direction de la gare de l'Est.

À dix minutes à pied, en suivant les rails du tram,
se trouve la résidence réservée aux élèves. Comme il
n'y a pas assez de place pour tout le monde, on nous
explique que les premiers arrivés seront les premiers
servis. Je m'en sors bien, j'ai une chambre, un lit,
un coin cuisine, une table et un bureau. C'est neuf,
mais parfumé étudiant. Et au sein de la résidence,
l'ambiance n'est pas sans me rappeler mes années à

l'Institut national des télécoms, le côté potache en moins. On se croise au supermarché après les cours ; on se dispute les machines à la buanderie ; on s'invite à tour de rôle dans nos chambres pour occuper nos soirées ; on parle encore un peu du concours d'entrée, pas mal des stages à venir, beaucoup du classement ; on tourne en rond.

Pour tout élève de l'ENA normalement constitué – c'est-à-dire à la fois conformiste et ambitieux –, le classement de sortie est le sujet de conversation par excellence. C'est même à cela qu'on le reconnaît. Envoyez deux énarques sur une île déserte, avant d'évaluer leurs chances de survie, ils s'interrogeront sur leur rang respectif. Le reste relève à leurs yeux de contingences matérielles quelque peu triviales. Lors de l'arrivée au pouvoir de Nicolas Sarkozy, la suppression du classement avait été envisagée, provoquant une levée de boucliers chez certains anciens élèves, notamment ceux des grands corps, que briguent les mieux classés : la botte, composée du Conseil d'État, de l'Inspection générale des finances et de la Cour des comptes.

Notre résidence est chasse gardée. Les CIL ou « cycle international long » – la trentaine d'étudiants non français ayant réussi un autre concours que le nôtre – doivent se loger par eux-mêmes dans Strasbourg et ses environs. Ils effectuent à l'ENA une scolarité plus courte que nous, réduite à dix-huit mois de cours et de stages. Ils ne sont pas classés à l'issue de la scolarité et n'intègrent pas l'administration française. Ils ne sont donc pas des concurrents. Motivés par l'idée de comprendre les rouages de l'administration française avec laquelle ils pourront être amenés à travailler de retour chez eux, ils sont globalement polyglottes et surdiplômés, des brebis douées mais souvent un peu égarées. Et puis, l'ENA étant un instrument de rayonnement de la puissance de la France, on croise également des profils moins brillants, rejetons de hauts dignitaires asiatiques ou de monarques africains. Sous couvert de méritocratie, la République sait aussi honorer ses vieux amis.

M. le directeur

7 janv. Lorsqu'il vient me chercher, à la porte de son
17 h 00 bureau, le directeur Sérizy est impeccable, ses cheveux sont parfaitement peignés, son costume gris n'a pas un pli, son nœud de cravate est dans la droite ligne de son regard. Il semble couler des jours heureux et attendre paisiblement la retraite. L'homme enchaîne pourtant les entretiens depuis ce matin. Il nous reçoit un à un pour nous souhaiter la bienvenue. Je me réjouis de le rencontrer, de pouvoir partager avec lui mes espérances. L'École est majoritairement dirigée par des membres du corps préfectoral, et le directeur est préfet avant tout, mais, vu son poste, il doit aussi s'intéresser à la pédagogie et aux attentes des élèves dont il dirige la formation.

Après les présentations et les politesses d'usage, il scanne mon CV avec l'œil aguerri de la préfectorale. Son air satisfait m'indique qu'il croit m'avoir percé à jour : « Hum, vous, vous êtes là pour vous faire un carnet d'adresses avant de partir dans le privé ! — Je dois vous contredire, monsieur le directeur. J'ai vraiment passé le concours de l'ENA pour m'engager dans la fonction publique. Douze mois de préparation, quatre mois de concours et vingt-sept mois d'École, il y a sûrement des voies plus rapides pour travailler dans une entreprise privée... » Il revient à la charge, sans se départir de son sourire : « Vous ne m'enlèverez pas cette idée de la tête. » Il note son intuition en bas de mon CV, annexé à mon dossier. Je lui propose d'en reparler dans vingt-sept mois, quand j'achèverai ma scolarité, au moment de choisir mon affectation au sein d'une administration.

Le directeur se lève. C'est la fin de l'entretien. Il me raccompagne jusqu'à la porte, arborant toujours son sourire, me souhaite une bonne soirée et une bonne scolarité. À partir de ce jour, l'homme, fort occupé, sera inaccessible. Je sors de l'établissement sans croiser personne, avec une vague appréhension.

Le « sas d'entrée »

Je garde en mémoire l'avertissement des anciens qui dispensaient des cours à Sciences Po : « Si vous êtes reçus, serrez les dents pendant la scolarité ! Elle est affligeante, le niveau de l'enseignement est consternant, c'est la course permanente au classement, on s'ennuie à mourir... » En dépit de cette mise en garde, je reste très excité à l'idée de ce que je vais découvrir. Je pense à tous les candidats qui ont été condamnés à repasser le concours ou à changer de voie après avoir tout donné. Je sais l'argent dépensé par la République pour nous former : une part non négligeable des 40 millions d'euros du budget annuel de l'École.

Ce premier mois qui précède le départ en stage « Europe » est dévolu aux cours. Ils prennent la forme de tables rondes, de conférences et de travaux dirigés. Dans le grand amphithéâtre Michel-Debré de l'ENA, les tables rondes voient se succéder un ensemble d'experts et d'anciens élèves qui interviennent à la volée, sans concertation. Chacun parle pour sa chapelle, comme s'il s'agissait d'animer une fin de dîner. Située au sous-sol, la salle n'offre pas d'accès Internet, mais les sièges sont confortables et permettent un sommeil réparateur. Au fur et à mesure de la séance, les rangs se vident. C'est dans le plus petit amphithéâtre Jean-Zay, du nom de l'ancien ministre de l'Éducation nationale et des Beaux-Arts assassiné sous Vichy, qu'ont lieu les conférences. Plus exiguë, équipée de strapontins en bois, la salle est le point de départ des travaux dirigés. Situé au rez-de-chaussée, l'amphi est très apprécié pour ses ondes wifi.

L'École ne compte aucun professeur permanent. C'est même un objet de fierté budgétaire. La plupart des intervenants en cours magistraux et en travaux dirigés sont d'anciens élèves de l'École – souvent les mieux classés. Ils nous communiquent leur matricule en guise de présentation.

8 janv. Alors que nous suivons depuis une heure trente un T.D. sur l'ouverture du capital de Gaz de France, nous apprenons de la bouche même de notre intervenant qu'il a découvert le sujet qu'il devait traiter en arrivant dans la salle et qu'il n'y connaît absolument rien... L'ENA l'a appelé hier pour un remplacement au pied levé. Notre expert est quant à lui l'un des plus grands spécialistes français de la grippe aviaire. Un sujet dont nous aurions volontiers entendu parler.

Élection, piège à...

9 janv. Un courriel arrive. La direction nous annonce que l'École, c'est-à-dire l'État, nous offre un séminaire d'intégration, tous frais payés. Trois jours au ski pour tomber le masque et nous découvrir. Convoqués par la direction des études et le directeur des sports dans le grand amphithéâtre, nous prenons connaissance des activités qui nous seront proposées : ski de piste, ski de fond, tir, karting, ski-parachute. Il suffit de cocher les cases, et notre matériel nous attendra dans un casier de la station. Certains, particulièrement zélés, s'inscrivent dans toutes les disciplines proposées : « C'est offert, pourquoi se priver ? » L'ENA paie et la station des Vosges s'enorgueillit d'accueillir sur ses neuf pistes le contingent de ministres en puissance.

Avant de partir pour les cimes, nous devons élire notre équipe de délégués. Nous nous regardons, indécis. Personne ne se connaît vraiment. Sur quoi allons-nous fonder notre préférence ? Il serait peut-être préférable de choisir nos délégués à l'issue de notre séjour à la montagne ? Oui, mais c'est à la délégation d'organiser le séminaire d'intégration. Des voix proposent alors d'élire des représentants provisoires et de procéder à un nouveau vote dans quelques semaines. La directrice des études leur renvoie qu'« il en a toujours été ainsi » – entendre : même à son époque. La proposition est donc rejetée.

J'en discute avec deux candidats. Le premier, un troisième concours de trente-quatre ans, ancien président de syndicat étudiant, m'explique très sérieusement que cette élection peut constituer une rampe de lancement pour une carrière politique. Ça le rend sympathique. En politique, ce qui compte, c'est la légitimité. Le second, jeune externe tout droit sorti de Sciences Po, me confie qu'il espère être bien vu par la direction de l'École et obtenir des informations confidentielles et stratégiques sur les autres élèves. Franchise louable. Après tout, l'intérêt général… Il n'y a finalement qu'une seule liste. Le suspense électoral est insoutenable. Dès le premier tour de scrutin, cinq inconnus sont élus pour nous représenter durant la première année.

Singeries

12-15 janv. La semaine est consacrée à l'apprentissage des techniques de négociation. Nous sommes répartis en petits groupes. Dans le mien, Fabien, un interne de trente-huit ans, porte (trop) large un costume des années 1980. C'est d'ailleurs le seul, en cours, à s'imposer cette tenue. Il a l'air dépassé par les événements mais contrecarre son dépaysement par une assurance comique. Il m'explique que dans son ancien job de directeur d'établissement public il ne connaissait qu'une technique de négociation : « baiser la gueule de l'adversaire ». Pour

29

lui, il n'y a pas d'autres voies. Je sens que j'ai trouvé un confident.

Les intervenants, experts ès négociations venus spécialement d'une école de commerce parisienne, nous remettent des enveloppes dans lesquelles figurent les éléments individuels pour la simulation : nos nom, fonction et fiche de position, c'est-à-dire la ligne suivie par notre personnage. Pour le premier exercice, j'incarne le directeur des services d'une université localisée en outre-mer. L'un de mes agents les plus prometteurs brigue un poste dans un cabinet ministériel à Paris. Je compte sur lui pour prendre ma relève dans quelques années et son départ est un coup dur. Ma fiche de position indique : « Vous devez vous assurer qu'il ne vous fera pas défaut. » Nous jouons la scène du rendez-vous au cours duquel mon agent vient me trouver afin de négocier sa mobilité. Il m'explique ses intentions, son envie de Paris et de la vie en cabinet, conformément au contenu de son enveloppe. Je l'écoute et lui accorde tout ce qu'il demande. Je le sens légèrement déstabilisé – n'étions-nous pas censés négocier, discuter, faire quelques concessions, nous empoigner sur des points de détail ? Ce n'est pas ma stratégie. Je lui donne ce qu'il veut et ne m'opposerai pas à son départ, mais j'insiste : « Promets-moi seulement de revenir pour me succéder. C'est la seule chose qui m'importe sur le long terme. » Avant la pause, l'intervenant qui nous encadre revient sur les résultats de chaque binôme. Ceux-ci se calculent à l'aune de ce qui est accordé. Puisque j'ai cédé sur tout, sans chercher à ergoter, nous sommes nécessairement perdants et j'emporte mon coéquipier dans ma chute. Notre pédagogue reconnaît que notre stratégie avait du sens... si seulement le corrigé l'avait prévu. Je ne m'attendais pas à cette rigidité, mais les consignes sont strictes. Premier cours, premier avertissement : propulsé au cœur du système, rien ne sert de louvoyer, il faut filer droit.

Exercice suivant. Me voilà président d'une association de commerçants qui souhaitent pratiquer leur activité le dimanche en dépit de l'interdiction du travail dominical. Il va falloir discuter ferme. La négo s'annonce serrée. En face de moi, une jeune externe joue le rôle du préfet, Rachelle. Du haut de ses vingt-quatre ans, elle est supposée incarner l'autorité de l'État. On ne la sent pas très à l'aise. Personne ne lui a encore appris à jouer les préfets. En élève butée, elle campe sur ses positions. Non, elle ne nous donnera pas l'autorisation : l'État, c'est elle, il n'y aura pas de négociation. Le ton monte, la tension s'installe, comme si nous étions en situation. Je la menace. Si elle ne cède pas, nous viendrons un dimanche tirer à la kalachnikov sur les façades de la préfecture. Puis je déchire lentement, en la fixant droit dans les yeux, la feuille de route qui nous a été remise par le responsable pédagogique, avant de la transformer en petites boulettes de papier que j'envoie dans sa direction. Elle est tétanisée, ne sait que répondre. Nous sommes tous les deux à côté de la plaque. Nous ne savons pas faire et surjouons comme les interprètes d'un mauvais téléfilm. Deuxième sommation : notre objectif premier est d'apprendre à singer.

Les énarques font du ski

15 janv. Deux cars attendent depuis une heure devant l'École, leurs pots d'échappement crachent une fumée noire qui contraste avec la neige épaisse tombée sur la ville. Équipés de nos manteaux d'hiver et, pour certains habitués, de combinaisons de compétition, nous partons pour le séminaire d'intégration. Tous ensemble, comme le ferait une joyeuse bande de copains ou un groupe de salariés heureux de profiter des tarifs du comité d'entreprise.

Pendant le trajet, pas de cris, pas de rires, pas de chansons paillardes. Il ne faudrait pas nous confondre avec des étudiants d'école de commerce. Qui sait, un futur ministre se cache peut-être parmi nous. Il serait regrettable qu'un jour un(e) camarade de promo ait le mauvais goût de lui rappeler sa frivolité d'alors.

Derrière moi, on parle classement de sortie. Une élève énumère les corps qu'elle voudrait rejoindre. Elle a manifestement un faible pour Bercy. De mon côté, je peine à me passionner pour les documents que nous ont remis, au départ, nos chers délégués. Il s'agit d'une proposition de règlement visant à « simplifier » le baptême de notre promotion. La lecture agit sur moi comme un puissant somnifère. J'appuie ma tête contre la vitre et me laisse aller à la rêverie : et si notre car tombait dans un ravin, quel impact aurait sur le pays la disparition d'une promotion d'énarques ?

À la tombée de la nuit, les cars s'arrêtent devant d'imposants chalets entourés d'arbres alourdis par la neige. Nous sommes arrivés au domaine de Ventron, dans les Vosges. Engourdis par le voyage, nous jetons un œil aux montagnes alentour, humons l'air glacial et nous réfugions rapidement à l'intérieur de l'imposant hôtel en bois.

Dans nos chambres, une surprise nous attend. Sur le lit sont disposés à notre intention des spécialités culinaires locales, une doudoune aux couleurs de l'École du ski français, un mot de bienvenue du président du conseil général. Il ne suffisait pas de nous offrir le week-end. Dans le bâtiment d'à côté séjourne la direction de l'École.

Avant le repas prévu dans deux heures, nous avons accès à la piscine et au sauna. Je me change et me rends dans la bicoque de bois surchauffée où se prélassent déjà des camarades de promo, tandis que d'autres font des longueurs. Nus ou en maillot, nous nous observons à travers la moiteur ambiante. La découverte de nos nudités respectives et la chaleur excessive nous invitent naturellement à parler du classement de sortie. Comment y échapper ? Après quelques minutes de liquéfaction, nous entendons sonner le rassemblement et partons, sensiblement ramollis, nous préparer pour le dîner.

La salle à manger de l'hôtel offre une vue imprenable sur la montagne. La salade est à peine servie que mon voisin de table prend le micro. Gringalet, timide mais affable, il fait partie de la délégation. Il souhaite savoir si tout le monde a bien lu le fameux règlement relatif au choix du nom de la promotion. Un élève prend la parole, inquiet, et propose des amendements au règlement. Le délégué réplique qu'il faut respecter la procédure : « Votons la possibilité de voter des amendements jusqu'au vote de ce soir en vue du vote de demain. » On dirait un vieux routier de la politique politicienne dans un congrès de parti.

Habité par ses nouvelles fonctions, il nous invite alors à faire une pause. Je sors sur le perron abrité de l'hôtel pour respirer et retrouver un peu de sérénité. La neige tombe à gros flocons. La nuit s'annonce glaciale. Le ministre des procédures, ayant perçu mon irritation et souhaitant me remettre sur le droit chemin, me rejoint et me dit d'une voix rassurante : « Ils ne procèdent pas autrement au parti socialiste pour les élections internes et c'est aussi une habitude à l'ENA. »

S'il n'y avait pas eu tout cet air autour de moi et l'ombre inquiétante de la montagne toute proche, j'aurais fui l'antichambre ce soir-là.

Le bal des debs

Après le dîner, nous devons nous retrouver pour danser. Une robe de soirée fait son entrée après moi, laissant quelques énarques interdits. J'en oublie de pousser les tables avec mes camarades, étonné ou subjugué par l'échancrure vertigineuse et la pointe acérée des talons qui piquent le plancher. Dehors, la température est tombée en dessous de zéro. À l'intérieur, le disc-jockey, spécialement engagé par l'ENA pour l'occasion, s'apprête à la faire monter. Approchant les cinquante-cinq ans, il porte une chemise blanche et une cravate argentée couvertes de paillettes. Question musique, il s'est mis au diapason de l'École avec la botte du Top 50 : les Gun's (*Don't cry*), Whitney Houston (*I will always love you*), Lorie, Britney Spears, Lady Gaga. Du lourd, comme on dit. Il aimerait nous voir danser. Tout le monde s'observe du coin de l'œil. Après tout, nous ne nous connaissons pas vraiment mieux qu'hier, et l'ivresse n'est pas au rendez-vous. Il y a bien eu un peu de vin au dîner, mais depuis, en dehors de ce que certains ont caché dans leur valise, il n'y a plus d'alcool pour doper les enthousiasmes. La piste improvisée reste irrémédiablement vide. Deux ou trois externes se dandinent sans conviction dans un coin. Fabien, mon négociateur préféré, semble plus entreprenant, et sur le passage de jeunes externes enjuponnées il entreprend des pas de danse nerveux en leur jetant un regard lubrique.

Sasha, un ancien financier, père de famille, m'aborde avec son allure bonhomme. Il a réussi le troisième concours après plusieurs années au Canada. Aujourd'hui, sans que je sache pourquoi, il a décrété que j'étais son héros et qu'il aimerait me ressembler. Il a d'ailleurs mangé la même chose que moi au dîner et a changé de chemise pour que nous soyons assortis. Il décide que ce que je dis doit être répété à chacun et s'y emploie. Quant à moi, j'ai encore cette impression de ne pas être à ma place. Diplomate, et histoire d'éprouver de plus près la charge érotique d'un décolleté ministrable, je tente un slow avec la robe satinée. Ou bien l'ai-je rêvé ? Car l'instant d'après je me retrouve au lit, mais sans Sasha, qui n'a pas poussé le jeu jusqu'à vouloir occuper le mien.

Intégration *vs* compétition

16 janv. Ce matin, grand soleil et pistes dégagées. Au programme : ski alpin pour les initiés, randonnée avec peaux de phoque pour ceux qui n'ont jamais connu la montagne, biathlon ou karting pour les amateurs d'émotions fortes. L'ENA a tout prévu. Les moniteurs de l'école de ski sont aux petits soins. Je commence par une séance de tir couché dans la neige, j'enchaîne avec quelques tours de kart pour m'amuser un peu. La majorité des participants sont des externes. Ils roulent à fond, prennent tous les risques pour terminer en tête. L'un d'eux me percute en cherchant à me doubler. Je sens qu'il est prêt à provoquer un accident pour ne pas rester derrière moi. Je m'écarte.

Quand nous ôtons nos casques, le responsable du lieu arrive avec une enveloppe fermée destinée au directeur de l'ENA. Elle contient le temps de course de chaque coureur. Un élève propose aussitôt de la lui remettre. Il vient de se recoiffer et de repositionner ses lunettes sur le nez. C'est celui qui roulait à tombeau ouvert, tête baissée et grimaçante. Quand je lui demande l'intérêt que peut trouver le directeur à ce genre de lecture, sa réponse est sans appel : « Tu ne crois tout de même pas que l'ENA enverrait en stage à l'ONU quelqu'un qui arriverait dernier au kart en plein week-end d'intégration ? » On ne choisit pas sa famille.

17 janv. Le soleil est encore au rendez-vous ce matin. Nous rejoignons un petit bois non loin de l'hôtel pour une balade en peau de phoque. Je retrouve Alice, une jeune interne dont l'humour acerbe m'amuse beaucoup, Fabien, le quadra au regard lubrique, et Justine, l'ancienne avocate qui estimait que nous étions trop nombreux à avoir été admis. À l'entrée de la piste, un moniteur nous tend un dossard en précisant qu'il est obligatoire. L'obsession du classement a encore frappé. On m'a attribué le numéro 34. Nous chaussons nos skis et fourrons nos dossards dans nos poches.

Nous rencontrons Marianne, une externe que je ne connais pas encore. Elle patiente dans la neige, car elle ne veut pas partir seule. Je comprends qu'elle ne souhaite pas s'isoler durant un séminaire d'intégration, et engage la conversation avec elle, chemin faisant. J'apprends, passé les premiers cent mètres, qu'elle sort de Polytechnique, comme son copain, qui est du corps des Ponts, qu'elle doit donc absolument terminer dans les premiers de l'ENA pour pouvoir elle aussi intégrer un grand corps, que c'est sa priorité parce qu'ils ont l'intention de se marier et qu'il faut vraiment qu'elle soit au même niveau que lui, que c'est très important pour elle, enfin pour eux... Très vite, je décroche pour me concentrer sur le paysage. Ses mots disparaissent dans le silence ouaté du sous-bois, comme s'ils étaient étouffés par l'épaisse couche de neige. De temps en temps, par courtoisie, je lance des « ah », des « je vois ». Alors elle renchérit.

Fort heureusement, elle est interrompue par un cri. Derrière nous, Alice fait des signes : Fabien et Justine ont glissé et sont en train de se relever. Je m'arrête pour les attendre. Marianne me regarde étonnée : « Ben, c'est le moment d'accélérer au

contraire : l'épreuve est chronométrée... » Avant
même d'avoir fini sa phrase, elle repart aussi vite que
la neige verglacée le lui permet. Je comprends mieux
pourquoi elle nous attendait tout à l'heure : elle
n'avait pas besoin de partenaires, elle cherchait juste
des adversaires. Nous la regardons, ahuris, appuyer
sur ses bâtons comme une forcenée, tomber et se
relever en vaillant petit soldat, avant de disparaître
derrière les arbres et la poudreuse. Alice, Fabien et
Justine n'en reviennent pas. Nous rions néanmoins
du zèle maladroit avec lequel Marianne nous a aban-
donnés, puis nous reprenons notre chemin sinueux
entre les hauts pins. Sur la ligne d'arrivée, que nous
franchissons groupés, le directeur de l'ENA et le
directeur des sports nous accueillent, chronomètre à
la main : « Vous arrivez ensemble, c'est bien, mais
Marianne vous a précédés de dix-sept minutes et
trente secondes, c'est mieux. — Monsieur le directeur, dis-je du tac au tac, nous sommes entrés à
l'ENA pour servir le pays, et nous ne pensons pas
rendre service à la collectivité en abandonnant ceux
qui sont tombés à terre. Nous allons avoir besoin de
tout le monde. » C'est sans doute un peu gaullien,
mais tant pis. J'aurai dit ce que j'avais sur le cœur.
« Soit, mais pourquoi avoir ôté vos dossards ? Vous
aviez trop chaud ? » Marianne n'a pas assisté à notre
échange. Repartie pour un second tour de piste, elle
était convaincue que nous allions rempiler pour
essayer d'entamer son avance.

À la fin de la journée, nous sommes réunis dans
l'une des salles de l'hôtel pour la remise officielle des
médailles. Les résultats de tous les sports ont été

affichés dans le hall. Pour la peau de phoque, Marianne est arrivée en tête. Le directeur la félicite, l'assistance l'applaudit, elle se lève avec un grand sourire et reçoit dignement sa récompense.

Le nom de promo

22 h 00 Il est l'heure de donner un nom officiel à notre promotion. Nous venons tout juste de terminer de dîner. Le choix se fera ici même, dans la salle à manger. Nous avons droit à cinq propositions chacun. Toutes seront soumises au vote des élèves. Elles sont anonymes, mais celles qui retiennent l'attention de la majorité peuvent être défendues par les élèves qui en portent l'idée.

23 h 00 Je me suis contenté de deux personnalités : Ionesco et Ubu Roi, inspiré par l'absurdité de ce que nous vivons. Je renonce finalement à Alfred Sirven, l'homme de l'ombre d'Elf impliqué dans l'affaire des frégates de Taïwan, qui avait dans son téléphone « de quoi faire sauter vingt fois la République » mais qui a eu l'élégance de la préserver en avalant sa carte SIM. Il faut dire qu'il y a déjà plus de deux cents propositions ; des classiques : Rousseau, Kant et autres Foucault ; des modernes : Bourdieu, Delors, Debré ; des potaches : Zidane, Mickey, Jamel Debbouze ; des stylées : Yves Saint Laurent, Simone de Beauvoir, Gandhi…

00 h 00 Les premiers tours se déroulent à main levée dans une ambiance bon enfant et un joyeux brouhaha. Ubu Roi et Ionesco sont éliminés d'emblée.

Quelqu'un propose Robert Badinter, ce qui est déjà plus original qu'Émile Zola (la promotion précédente). La candidature de « L'inconnu de T'ien an Men », en hommage aux événements de 1989, réalise un score inattendu. Mais l'idée ne plaît pas à tout le monde : l'étudiant chinois des CIL menace de quitter les lieux si elle n'est pas immédiatement retirée. Certains pensent déjà à un scandale diplomatique. Très mauvais pour la réputation de la promotion. D'autres suggèrent de le laisser partir : il n'y a rien d'ouvert à cette heure-là, à part notre hôtel ; il reviendrait vite dans un état de congélation avancé. « T'ien an Men » est éliminé. Il n'y aura pas de vagues.

01 h 00 Patrick, un externe qui a déjà la tête du préfet qu'il aimerait être dans vingt ans, m'explique l'enjeu de la soirée : « Il ne faut pas se louper : nous n'aurons aucune chance d'être nommés à un poste ministériel si nous choisissons un nom de promo ridicule. Sans compter que ce sera publié dans la presse dès demain ! » Un photographe et un journaliste du *Monde* sont en effet présents, dépêchés par leur journal qui aimerait un bref papier sur le week-end. Après avoir immortalisé la salle à manger, lieu de délibération, ils se font gentiment expulser par les membres de la délégation. Se méfier des médias. Une de mes camarades externe, Marie, bronzée par sa journée de ski en altitude, me lance, avant de rejeter sa chevelure en arrière d'un mouvement gracieux de la main : « Ce ne sont que des fouille-merde, ces journalistes. Ils pourraient nous faire du mal avec leur article. Imagine s'ils expliquent que nous skions aux frais de la République en pleine crise économique ? »

02 h 00   Le journaliste est relégué derrière un panneau, à l'extérieur de la salle. La délégation joue les gardiens du temple et lui envoie les élèves qu'elle juge les plus à même de faire passer un message approprié. Je me faufile jusqu'à lui à un moment propice et lui livre en pâture l'anecdote de la balade en forêt, les épines de Marianne et le parfum des grandes victoires. Il s'en amuse. Marie pourtant a tort de s'inquiéter. L'article sera lisse comme un visage d'énarque, profilé comme une rose du Bengale.

03 h 00   Pendant ce temps, le vote continue. La discussion est loin d'être terminée. La tension monte, l'ambiance se fait moins légère. Seuls les noms jugés respectables restent en lice : Hannah Arendt, Georges Clemenceau, Colbert, Robert Badinter. Celui-ci est bien placé, mais rien n'est encore joué.

04 h 00   Le suspense est à son comble, la fatigue et l'énervement aussi. Certains ont déclaré forfait. Henri, le doyen de notre promotion, est parti se coucher en bougonnant. À quarante-deux ans, il a autre chose à faire que de perdre des heures de sommeil à épiloguer pour savoir qui aura la chance de voir son nom accolé à notre glorieuse promo.

05 h 00   La tension n'est plus supportable. Il ne reste que deux noms. Tout le monde est épuisé. Les regards sont lourds. Certains s'endorment sur leur table. La moindre voix compte. On part réveiller le doyen qui revient à moitié nu et la mine renfrognée. Au dernier tour de vote, Robert (Badinter) l'emporte sur Georges (Clemenceau). Un tiers de la promo était pour, un autre tiers était contre. C'est le dernier tiers, indifférent mais pressé d'aller dormir, qui a fait pencher la balance.

05 h 34 Les membres de la délégation peuvent enfin rédiger un communiqué pour la presse qui, sans nul doute, en aura le souffle coupé :

> Éclairés par des débats nourris ;
> Enthousiasmés par des orateurs passionnés ;
> Au terme d'une nuit ponctuée d'échanges contradictoires ;
> Les élèves de l'École nationale d'administration réunis en séminaire d'intégration à Ventron (Vosges) ont choisi leur nom de promotion à 5 h 34.
> Au septième tour de scrutin, Robert Badinter l'a emporté par 49 voix sur 89 suffrages exprimés face à Georges Clemenceau, Hannah Arendt et Jean-Baptiste Colbert.
> Marqués par l'engagement en faveur de l'abolition de la peine de mort d'un homme d'État indépendant d'esprit et sachant se placer au-dessus des clivages partisans, les élèves ont souhaité montrer leur attachement aux valeurs d'exemplarité et de probité d'un infatigable défenseur des droits civiques et des libertés, à l'échelle nationale et internationale.

Et comme il n'y a pas d'heure pour le lyrisme, un délégué se plaît à ajouter : « Puisse l'engagement de Robert Badinter pour la justice nous guider toujours dans notre carrière administrative. » Amen.

18 janv. Après avoir plié nos habits froissés dans la perspective du retour, nous prenons connaissance de notre affectation pour le stage Europe. Pour moi, ce ne sera ni Jérusalem ni Tel-Aviv. Je lis sur une liste affichée au mur que j'effectuerai mon stage à Beyrouth. Le blondinet qui se trouve à mes côtés apprend avec surprise qu'il partira pour Tel-Aviv – une destination qu'il n'a jamais demandée. C'est Paul, un jeune loup, fervent catholique, réplique locale de Ned Flanders, qui obtient Jérusalem.

Après tout, j'ai obtenu ce que je souhaitais : un pays où la diplomatie n'est pas un vain mot. Les décisions de la commission des stages sont cependant aussi opaques qu'incompréhensibles. Pourquoi obtient-on Beyrouth quand on demande Jérusalem ? Pourquoi obtient-on Tel-Aviv quand on ne demande pas Israël ? Mystères. D'ailleurs, la seule élève ayant osé postuler pour l'ONU – incroyable mais vrai – va s'envoler pour New York en dépit des on-dit ! En ce qui me concerne, je finirai par connaître le fin mot de l'histoire quelques mois plus tard. C'est un membre de la direction des stages qui m'éclairera, passablement gêné de m'avouer que mon insistance les avait inquiétés : « Et donc, vous comprenez, Olivier, on s'est demandé si vous n'aviez rien contre les Juifs. » Ma « tête d'Arabe » y est peut-être pour quelque chose.

À l'aller, dans le car, les discussions, quand elles s'écartaient du classement de sortie, portaient sur nos vœux de stage respectifs. Au retour, dès que disparaissent les dernières tuiles en bois de Ventron, nous commentons nos destinations à l'aune du principe de réalité. Un énarque n'est jamais à court de conversation.

En descendant du car, à notre arrivée à Strasbourg, je croise le directeur Sérizy : « Alors, heureux

du séminaire d'intégration ? me lance-t-il radieux.
— Séminaire de compétition, vous voulez dire !
— Vous savez, ce n'est pas grave, ça ne compte pas
pour le classement final ! » tente-t-il pour me rassurer. Une simple mise en bouche, en somme, avec
quand même ce petit rien de socialement discrimi-
nant qui permet de situer les gens.

Le bateau qui prend l'eau

Aussi incohérente que soit la maquette pédagogique, les cours sont obligatoires. La direction nous
annonce rapidement qu'en cas d'absence injustifiée
une partie de notre salaire (1 300 euros net pour
un externe comme moi, plus pour les internes et
les troisième concours) peut nous être retirée. Une
menace toute virtuelle qui nous amène logiquement
à contourner l'obligation : les présents signent pour
les absents – à charge de revanche. De temps en
temps, la situation se corse : un membre de l'administration se poste à l'entrée de la salle pour cocher
les noms. Le bruit court, les SMS s'envolent et tout
le monde se dépêche de se présenter à l'appel. Fabien
m'explique qu'il a mis au point une méthode
infaillible : chaque matin, il enfile un manteau par-
dessus son pyjama, vient pointer et retourne vite se
coucher dès que le représentant de l'administration
a tourné les talons.

22 janv. Vingt jours ont suffi pour vider les salles. Il
n'y a souvent plus que trente pour cent des élèves
présents, affrontant le vide abyssal de l'enseigne-

ment. Commence alors le long décompte des mois qui nous séparent de la fin de la scolarité : vingt-sept... Sur les écrans des ordinateurs, durant les cours, les sites de presse défilent, les jeux de cartes numériques sont battus et rebattus. L'ennui nous ronge. La plupart des intervenants plaident sans retenue pour la révision générale des politiques publiques (RGPP) mise en place par le gouvernement Fillon et visant à « moderniser la fonction publique ». Marquée idéologiquement, cette entreprise nous est présentée comme une nécessité absolue, et le texte afférent comme la bible de tout jeune haut fonctionnaire qui se respecte.

26 janv. Après une nouvelle erreur de casting – un expert de France Télévisions assénant un cours sur la réduction des coûts au ministère de l'Agriculture –, je décide de me rendre dans le bureau du directeur des études, M. Jo. Il est notre pédagogue de référence, et donc le mieux à même de m'apporter une explication. Exceptionnellement, l'homme n'est pas énarque mais issu de l'Université, où il a obtenu un doctorat. C'est un vieux garçon dont l'allure involontairement négligée contraste avec une voix haut perchée et une manière un peu précieuse d'étirer les voyelles comme si chaque parole était l'occasion d'un cours de diction. Il m'explique la diffiiiculté de gestion des emplooois du temps et surtout que cette désorgaaanisation a toujours été le propre de l'École. Il aurait pourtant suffi de demander à l'expert de parler de son sujet plutôt que d'un autre qu'il ne maîtrisait pas. Oui, mais voilà, un ancien élève est réputé tout maîtriiiser...

En sortant du bureau de M. Jo, je croise deux de mes camarades dans le hall de l'École : « Tu es fou, tu n'aurais pas dû en parler à la direction, ils vont le noter dans ton dossier ! Alors qu'il nous suffit d'attendre tranquillement la fin de la scolarité... »

Les épreuves de classement

En dehors de nos notes de stages, le fameux classement de sortie sera établi en fonction de nos résultats à un ensemble d'épreuves. Certaines d'entre elles sont individuelles : ce sont le plus souvent des travaux de synthèse ; les autres sont collectives : elles évaluent des groupes d'élèves dont les compositions sont généralement imposées. Dès le mois de janvier, nous commençons à préparer deux épreuves collectives, baptisées « Thème d'observation » et « Action de communication ».

30 janv. Pour l'épreuve d'observation, nous travaillons par équipes de huit. L'épreuve consiste à s'imprégner d'une thématique pendant quelques mois, avant de tirer au sort, le jour J (en juillet prochain), un format de texte officiel de l'Union européenne (règlement du Conseil, résolution du Parlement, etc.) sur lequel nous rédigerons notre texte, à huit mains, en huit heures trente, sans document ni pause. J'apprends, par voie d'affichage, la composition de mon groupe et notre thème de travail : l'Union européenne et le développement rural. L'intérêt du sujet est incontestable, même si j'avais, pour ma part, parmi tous les thèmes proposés, demandé à travailler sur l'Europe et la culture. Comme pour les stages, certains obtiennent satisfaction, d'autres non. L'École ne donne aucune explication. Même s'il est normal d'être répartis en fonction des thèmes disponibles, la rumeur veut que l'École de la République soit adepte d'une étrange loterie. Cela n'arrange en rien le sentiment de paranoïa ambiant.

3 fév. L'épreuve de communication est une mise
2ᵉ mois en situation. Il faut imaginer que nous sommes en poste dans un cabinet. Un jour, notre ministre de tutelle passe la tête par la porte de notre bureau pour nous demander, en coup de vent, de réfléchir à la mise en place d'une stratégie de communication sur un sujet donné. Il ne s'agit pas d'une épreuve sur table mais d'un dossier à rédiger d'ici le mois de juillet. En amont, nous avons dû déclarer nos préférences parmi dix sujets proposés. Logique de frustration oblige, j'apprends que c'est mon 7ᵉ choix qui décidera de mon groupe. Je souhaitais « Les médias et l'Union européenne », j'hérite de « L'image de l'Union européenne auprès des femmes ». Mes coéquipiers et moi-même devons proposer une stratégie de communication visant à « valoriser auprès des femmes les règles de droit européen et les actions concrètes dont elles bénéficient du fait de l'appartenance à l'Union européenne ». Tout un programme. Notre équipe comprend autant de passionnés (qui avaient classé le sujet en 1ʳᵉ position) que d'indifférents (qui l'avaient classé en 10ᵉ position). La direction de la scolarité nous rassure : la composition des groupes

est « identiquement hétérogène ». Comprenne qui pourra.

Nous sommes accompagnés dans notre réflexion par une spécialiste du sujet, Patricia, directrice d'un *think tank* plus ou moins de gauche dédié aux questions européennes. Une blonde énergique d'une quarantaine d'années, cheveux dans le vent, poudrée, maquillée, parfumée, figure de mode souriante rattrapée par le temps : « D'abord, ne pas vous censurer. Toutes les idées sont les bienvenues. Ensuite, notez que la création d'un site Internet participatif 2.0 consacré aux relations entre les femmes et l'Europe est sans doute LA piste à creuser. » Nous sommes indéniablement séduits, à ceci près que le site de son organisation propose déjà un espace participatif incitant les femmes à laisser des messages sur l'Europe, et qu'il reste désespérément vide...

Dans notre équipe, une autre perle : Rodolphe, un ancien prof de philo, le crâne rasé, le corps musculeux et tatoué, la trentaine déjà entamée, et un ego aussi impressionnant que les œuvres complètes de Hegel. Il propose de représenter le groupe. C'est bien le seul à se sentir investi d'une mission. Adjugé. Il prend aussitôt son rôle très à cœur et nous annonce qu'il va établir une feuille de route pour que nous puissions avancer durant notre stage Europe : « N'oubliez pas, le rapport, c'est quelques semaines seulement après notre retour. Alors je ne vous lâcherai pas ! »

Good bye party

5 fév. Nous quittons Strasbourg dans trois jours. Aucun cours ne nous a encore préparés à nos stages. En attendant d'être lâchée dans la nature, l'une de mes camarades a organisé une soirée crêpes dans sa chambre. Nalia est une jeune femme pétillante de vingt-cinq ans, fraîchement sortie de Sciences Po. Nous sommes cinq autour de la table, surchargée de garnitures en tous genres. Les crêpes sautent, les langues se délient. On parle du classement en général. Sans oublier les espoirs de classement individuels. Je tente de changer de sujet en évoquant une fête où je me trouvais récemment, à Paris. Nalia m'écoute, mais je sens à son regard qu'elle est gênée. Je m'interromps, le temps qu'elle glisse timidement : « Tu as encore des amis à Paris ? — Oui, un ou deux. (Silence.) Pas toi ? — C'est un peu compliqué. Mes amis préparaient le concours avec moi et je suis la seule à avoir intégré l'École. Ils ne m'ont plus donné de nouvelles. Un peu envieux, mauvais perdants, je ne sais pas. Mais ça ne fait rien. Ma vie est ici maintenant ! » lance-t-elle en esquissant un sourire.

23 h 00 Nos téléphones sonnent : une fête vient de s'improviser dans un appartement voisin, occupé en colocation par plusieurs élèves. C'est à cinq minutes de la résidence, sur la place Broglie. En approchant, nous entendons déjà les hurlements de Shakira contre les fenêtres. L'appartement est encombré d'énarques légèrement avinés qui se trémoussent. Certains se sentent rajeunir : vie légère d'étudiant en semaine ;

vie de famille le week-end. En trois semaines, des couples se sont formés et malheur aux conjoints d'hier qui ne font pas partie de la famille. Patrick, l'externe de vingt-sept ans qui m'a expliqué qu'un nom de promotion incongru pouvait contrarier certaines nominations ministérielles, danse comme un hystérique au milieu du salon. Totalement ivre, il voudrait embrasser tout le monde et brutalise ceux qui refusent ses marques d'affection.

00 h 30 La sonnette retentit sans discontinuer et on entend tambouriner contre la porte d'entrée. Un des locataires de l'appartement finit par ouvrir. Sur le palier, des policiers appelés pour tapage nocturne demandent que la musique soit arrêtée. Le sang de Patrick ne fait qu'un tour. Il titube vers eux et s'arrête à quelques centimètres des uniformes : « Messieurs, je vous prie de ne pas nous importuner. Nous sommes élèves de l'ENA. — Ça ne change rien au fait, monsieur, que personne ne parvient à dormir dans l'immeuble. — Attendez, je crois que vous n'avez pas compris. Vous ne pouvez pas me parler comme ça. Je vous signale que j'ai potentiellement le rang de préfet. » L'omnipotent est aussitôt entraîné vers le fond de l'appartement et muselé par ses amis. La crise prend fin, le pardon est donné et le silence s'abat sur la place Broglie, tandis qu'en électrons libres certains en fuient la débauche.

II

LE VOYAGE INITIATIQUE

Le Proche-Orient

8 fév. Passage de l'atmosphère confinée de l'École
2ᵉ mois à l'air chaud et humide de Beyrouth.
J'emporte avec moi, pour le voyage, les notes sur la
région que m'ont transmises les conseillers du ministère des Affaires étrangères que j'ai rencontrés la
semaine dernière. En tant que stagiaire de l'ENA, je
suis affecté à la chancellerie, *the place to be* de
l'ambassade, où gravitent autour de Son Excellence
les diplomates du quai d'Orsay : le premier
conseiller, les deuxièmes conseillers et la première
secrétaire. L'équipe se réunit quotidiennement pour
faire le point sur les activités de l'ambassade, les télégrammes diplomatiques, c'est-à-dire les messages
envoyés au ministère et aux autres postes à l'étranger, les entretiens de l'ambassadeur et ses différents
rendez-vous.

L'avion, après quatre heures de vol, approche de
sa destination. Par le hublot, les paysages libanais se
dessinent peu à peu, chaotiques et sauvages. J'aperçois Beyrouth, l'enchevêtrement des bâtisses, des

buildings, où se devinent les palmiers et les eucalyptus géants. L'excitation me gagne.

À l'aéroport, le nombre d'hommes armés des forces de sécurité donne le ton. Beaucoup de bruit, des ordres, des contrordres, des *Inch'Allah* qui fusent, c'est l'effervescence. Sur le côté, une dizaine de jeunes Éthiopiennes, importées par les riches familles libanaises pour s'occuper des tâches ménagères, sont parquées en attendant leur autorisation d'entrée sur le territoire. Je sors mon passeport de service, avec son inscription « Au nom de la République française » en couverture, et passe sans encombre. Pas peu fier.

À l'arrivée des voyageurs, un homme d'une quarantaine d'années agite nerveusement un carton sur lequel est inscrit mon nom. C'est un des chauffeurs de l'ambassade. Il semble rassuré de m'avoir trouvé. Je le suis jusqu'à une grosse berline dans laquelle il me prie d'entrer. La route défile dans un tintamarre des klaxons. Mes yeux sont attirés par les pancartes aux couleurs des différents partis politiques libanais : Courant patriotique, Courant du futur, Parti socialiste progressif... Elles surgissent de partout, jusqu'aux premières habitations, portant toujours les stigmates des derniers conflits armés. Mon chauffeur m'indique des traces de balles, d'obus et de mortier comme autant de curiosités locales. La chaleur, alors que je suis encore transi par la neige strasbourgeoise, est saisissante. La nuit ne va pas tarder à tomber. Beyrouth brille déjà, s'illumine et l'on sent que la ville s'anime avant la nuit. Nous passons rapidement en périphérie de la banlieue sud, qui est aux mains du Hezbollah. Nous pénétrons ensuite dans un quartier peu éclairé, croisons des tanks à l'intersection des rues que nous empruntons et marquons un temps d'arrêt. Une barrière de sécurité s'ouvre sur la rue de Damas, nous pénétrons à l'intérieur de l'espace des lettres, le campus français regroupant, à proximité de l'ambassade, le consulat général, le centre culturel français, l'Institut du Proche-Orient et d'autres bureaux.

Le chauffeur me remet une clef et m'indique la direction à suivre. Nous nous saluons brièvement, froidement, comme deux hommes absorbés par leur mission. Je monte les escaliers et découvre derrière la porte une petite chambre, prévue pour les chercheurs de passage à l'Institut : un lit, un placard, un bureau, un lavabo, une douche et une seule ampoule. Huit mètres carrés de solitude et une fenêtre donnant sur un grand bâtiment, protégé par de hauts barbelés, sur le fronton duquel brille en lettres lumineuses la redondante et mystérieuse inscription : « Direction générale de la sûreté générale ». La fameuse DGSG, le cœur du système de renseignements libanais.

Je sors et me mets en quête de nourriture. Les rues sont plongées dans le noir. Les images de Beyrouth, souvenirs d'une enfance rythmée par les JT du soir, se succèdent dans ma tête. J'ignore si j'ai le droit de sortir à cette heure tardive, si je vais ou non dans une direction autorisée. Après quelques minutes d'une déambulation hésitante, autour d'un bâtiment bombardé, je trouve une épicerie dans laquelle j'achète des gâteaux secs et du jus d'orange. De quoi tenir le siège jusqu'au matin. Au rayon d'à côté, on vend des munitions.

Un énarque ne peut pas s'égarer. Je retrouve donc facilement mon chemin. Après avoir grignoté, je m'allonge sur mon petit lit, les yeux rivés au plafond. Dans le noir, les lettres DGSG se reflètent contre le mur qui me fait face. Tout est parfaitement décrépit. Ici aussi les artisans ont fichu le camp. Mais il y a dans ce délabrement comme un parfum d'aventure. Et mon endormissement déjà s'en inspire.

La Ferrari et le diesel

9 fév.   Au petit matin, le bruit de la rue de Damas monte au même rythme que la moiteur de l'air. Les gens passent, les voitures klaxonnent. J'ouvre un œil, me rase avec aussi peu de précision que me le permet l'unique ampoule et pars avec une demi-heure d'avance, ne sachant pas exactement où se trouve l'ambassade.

8 h 00   Dehors, personne. Le minicampus est encore vide. Tout y est très propre, presque coquet. Comment ai-je pu tomber sur un immeuble en ruine hier soir ? Je croise un homme à qui je demande le chemin de l'ambassade. Il me dit en riant que c'est de l'autre côté du mur que je suis en train de longer. J'envisage une seconde l'escalade. Mais il y a ces hommes armés non loin, et ce costume cravate que j'aimerais garder propre. N'est pas Daniel Craig qui veut. Je contourne donc patiemment le mur de l'ambassade, jusqu'à me retrouver devant une barrière de sécurité. Après les présentations, je suis

56

envoyé jusqu'à un sas où l'on me fait passer de lourdes portes blindées. L'accès à l'ambassade est bien plus sécurisé que l'espace des lettres où je réside et qui accueille du public.

8 h 05 J'ai mis exactement cinq minutes pour arriver. J'ai donc vingt-cinq minutes d'avance. Pas grave, pour un premier jour, ça fait sérieux. Sauf que j'apprends qu'on m'a communiqué une mauvaise heure, j'ai rendez-vous à 9 h 30... Un heure vingt-cinq d'avance, ça ne fait plus sérieux, ça fait pitié. Je m'installe dans le petit canapé du hall. L'endroit est assez stratégique : je vois arriver un à un tous les membres de l'ambassade. Sur le mur, les photos des précédents ambassadeurs témoignent de l'histoire des relations diplomatiques entre la France et le Liban.

9 h 25 Arrive une voiture devant la première porte blindée. Deux gardes du corps en sortent et ouvrent la voie à un homme de grande taille, portant de petites lunettes et affichant la cinquantaine. Il entre dans le sas. Son costume est impeccable. Les agents de sécurité lui remettent une enveloppe sur laquelle est inscrite « Télégrammes diplomatiques ». Ils lui glissent un mot à l'oreille ; l'homme se tourne vers moi. Il marque un temps et me dévisage. Il passe la seconde porte blindée : « Monsieur le stagiaire de l'ENA ? Je suis monsieur Moreau, le premier conseiller de l'ambassadeur. Désolé pour le quiproquo sur l'heure du rendez-vous. C'est moi que vous verrez d'abord. Suivez-moi. »

Le premier conseiller est le numéro deux de l'ambassade. Ce sera mon maître de stage. Ancien élève de l'ENA, il y est entré après quelques années passées au Quai d'Orsay qu'il avait intégré par un concours moins prestigieux. Le passage par l'École devait lui permettre une carrière accélérée.

M. Moreau ne vient pas d'une famille d'énarques. Fils de travailleurs immigrés, il incarne les vertus de l'ascenseur social républicain et le revendique. Souliers vernis, politesse exquise, tenue irréprochable, il a appris les codes de l'élite administrative française. Rien ne dépasse. Tout juste dissimule-t-il un léger tremblement lorsqu'il désigne le siège sur lequel je prends timidement place. Son bureau tourne le dos à une large fenêtre qui diffuse une belle lumière, tamisée par un épais rideau d'arbres censé décourager les snipers. Nous échangeons quelques mots, puis M. Moreau me donne son avis sur l'ambassadeur, sans détour ni précautions oratoires. Je pensais que la parole diplomatique était faite de retenue et de formules mesurées. Je découvre qu'elle s'accommode parfois d'un certain franc-parler : « Vous arrivez dans une ambassade qui était avant dirigée par un ambassadeur Ferrari. Nous avons droit désormais à un diesel. » Le ton de mon séjour est donné. Les tensions libanaises ont investi les lieux. Ici aussi, on tire, non pas à balles réelles, mais à mots couverts.

M. Moreau m'explique la situation au Liban et me donne quelques clefs pour comprendre le fonctionnement des services. J'écoute, je pose des questions, je prends des notes. Il me parle des trois autres membres de la chancellerie, diplomates et conseillers politiques de leur état : deux femmes et un homme. Selon lui, deux d'entre eux sont d'un bon niveau général, la troisième ne mérite même pas qu'on lui parle.

Ma mission n'est semble-t-il pas encore totalement arrêtée : « Je ne peux pas vous dire avec certitude sur quel dossier vous allez travailler. L'ambassadeur va vous l'expliquer. Je crois que vous allez notamment vous intéresser au fonctionnement du service des visas. » S'ensuit un échange sur le classement. M. Moreau fronce les sourcils quand je lui explique que je n'ai aucun objectif sur ce terrain-là, que cette compétition m'inspire peu, tant elle semble vaine. « Vous y viendrez vite, comme tout le monde ! » rétorque-t-il, en me confiant son rang de sortie. Puis il se lève, traverse la pièce d'un pas sûr, ouvre sa porte, demande à son assistant de m'annoncer et m'invite à remonter le couloir qui sépare son bureau de celui de SEMA, Son Excellence M. l'Ambassadeur.

Dehors, le soleil darde et le nuage de poussière qui recouvre la ville renvoie une lumière aveuglante. L'air climatisé me chatouille la gorge et je salue Son Excellence d'un éternuement diplomatique, pincé et silencieux.

Y a-t-il un pilote dans l'ambassade ?

L'ambassadeur de France ressemble à un acteur américain. Il en possède la carrure, le sourire carnassier et le cheveu grisonnant. Avec ses comédiens, ses divas, ses décors de carton-pâte et ses moments de folie collective, l'ambassade me donnera l'impression d'être un plateau de cinéma.

Le bureau de l'ambassadeur est plus grand que celui de M. Moreau. Sa superficie est à la hauteur de son rôle et du prestige de son rang : Beyrouth est l'un des principaux postes diplomatiques français. C'est dans ce lieu, quand ce n'est pas à la résidence des Pins où l'ambassadeur a ses quartiers, que défilent tous les leaders politiques libanais. Les larges canapés de cuir fin qui en occupent le centre ont été le siège de rencontres historiques, de multiples pourparlers et de décisions capitales pour la région. Des pièces de musée qu'on se surprend à regarder pensivement.

À en juger par le sourire qu'il affiche en permanence, M. l'ambassadeur est un homme heureux. Il se sent bien à Beyrouth. Il y a la mer, le soleil, une certaine douceur de vivre malgré l'âpreté du contexte politique. Et puis, sa femme est du pays – au risque d'ailleurs de compliquer la situation, car au Liban les différentes communautés vivent ensemble dans une entente très codifiée ; il pourrait être délicat pour le représentant de la République française de rester impartial si son épouse appartient à l'une d'entre elles. Mais il en faudrait plus pour perturber M. l'ambassadeur. Il ne tient pas à ce que les contraintes de son poste, aussi importantes soient-elles d'un point de vue diplomatique, lui gâchent la vie. Un ambassadeur est un homme comme les autres, qui a droit au bonheur, comme certains. Je m'apercevrai bien vite qu'il n'a pas non plus envie de perdre son temps avec le stagiaire de l'ENA. Pourtant, il connaît l'importance de ce stage dans notre scolarité. Ancien élève de l'École, il est aussi fils et frère d'énarque : « l'Héritier », le surnomme-t-on au Quai d'Orsay.

Après les présentations d'usage, j'imagine qu'il va me poser des questions sur ma connaissance du Liban, ou sur les raisons qui m'ont conduit à effectuer ce stage dans un pays du Proche-Orient. Il se cale dans son fauteuil, me regarde attentivement, s'apprête à dire quelque chose dans l'élan d'une courte inspiration, garde pourtant le silence, m'observe encore, la tension monte, je comprends que la situation est grave, que ce qu'il a à me dire ne souffre pas l'indiscrétion, je prends conscience de mon rôle, l'apprentissage commence, je suis dans la cour des grands : « Il va falloir que vous m'expliquiez, dit-il enfin. Je n'arrive toujours pas à savoir si le classement est encore en vigueur à l'ENA. » Lui-même était sorti énième. C'était mieux que son premier conseiller qui m'avait annoncé il y a un instant avoir fini non loin. « Remarquez, j'aurais préféré sortir au Conseil d'État, par vanité, si j'en avais eu la possibilité. » Quant au fonctionnement de l'ambassade, à la problématique libanaise, ce ne sont pas des priorités. Mon mandat non plus d'ailleurs. Mon patron n'a aucune idée des tâches qu'on pourrait me confier. L'important, c'est la famille et la place qu'on y tient.

M. l'ambassadeur est à n'en pas douter un homme charmant. Affable et bon vivant, courtois et fort prévenant. Peut-être aussi un tantinet rétif au travail. C'est ce dont je me rendrai vite compte. S'occuper de la chancellerie diplomatique, c'est-à-dire du suivi des dossiers politiques, passe encore, mais les autres responsabilités moins nobles : la gestion du personnel et des équipes, faire tourner la maison, voilà qui est d'un ennui...

« Pour votre mission, nous verrons. » Ses conseillers, à sa demande, vont lui soumettre des idées. Je sens qu'il y réfléchit déjà pourtant. Ses nobles sourcils se froncent puissamment. L'effort semble le surprendre lui-même. « L'autre me pousse à vous affecter aux visas parce qu'il déteste la consule, mais vous risquez de souffrir », me dit-il agacé. L'autre, c'est donc le premier conseiller. Le diesel, semble-t-il, a des comptes à régler. Amour vache, vrai différend ou rivalité non digérée entre interne méritant et externe héritier ?

J'ai le sentiment que je l'ennuie. Comme un enfant encombre un père tourmenté. La rencontre touche à sa fin. Je repense brièvement à ce que j'attendais d'elle. En attendant qu'on me donne une mission, je fais part de mon intention de rendre visite aux différents services. Un tour pour me familiariser avec le personnel et ses fonctions, histoire de comprendre les rouages de la maison et ses règles non écrites. M. l'ambassadeur m'observe sans grande conviction : « N'oubliez pas que vous n'êtes pas là pour faire du tourisme administratif. Ne perdez pas votre temps. Venez plutôt dans mon bureau. Regardez mon agenda. Quand un rendez-vous vous intéresse, vous entrez, vous vous asseyez. » C'est le signal du départ. Il se lève dans un soupir, me tend une main confraternelle et m'indique le chemin.

On me conduit à mon bureau, un étage plus bas. J'avance prudemment, essayant d'éviter les faux pas, averti qu'à l'intérieur même du bâtiment les balles pleuvent.

Tour de piste

Devant moi, derrière la fenêtre, un palmier, un char, deux kalachnikovs. À droite, mon bureau donne sur une porte condamnée. Derrière elle, Thierry, le deuxième conseiller. Pour le voir, il me faut faire un grand détour, emprunter un long couloir austère, sans fenêtre, aux murs gris, et perdre chaque fois cinq minutes. Au bout de quelques jours, je suggérerai que la porte qui nous sépare soit rouverte. Mais comment faire quand des cartons et des montagnes de journaux obstruent le passage depuis plusieurs années ? La porte grince. Des années d'inertie s'envolent avec la poussière qu'elle déplace. Le deuxième conseiller passe une tête d'enfant émerveillé : « Ouverture du nouveau canal diplomatique ! »

Jeune diplomate de trente-deux ans, Thierry est aussi désordonné que brillant. De taille moyenne, il a les cheveux bruns toujours en désordre, et des costumes aux couleurs vives. L'homme est jongleur : il parle huit langues et sait passer de l'une à l'autre instantanément, sans la moindre hésitation. Ce n'est pas un ancien élève de l'ENA. Il est entré au Quai d'Orsay par une voie plus directe : le concours d'Orient. Et comme le service des ressources humaines le lui rappelle régulièrement, les non-énarques ont beau être fort sympathiques, ils seront toujours moins compétents que les énarques. C'est la raison pour laquelle les affectations sont le plus souvent délivrées par d'anciens élèves de l'École. Ainsi le pouvoir est-il bien gardé.

À côté du bureau de Thierry se trouve celui de Béatrice, deuxième conseiller elle aussi. Pas de porte condamnée entre eux, bien que certains l'eussent volontiers enfermée. M. Moreau m'a mis en garde : « Méfiez-vous, la malheureuse a été infirmière avant son engagement dans la diplomatie. » D'une quarantaine d'années, vêtue d'amples étoffes, Béatrice me donne tout de suite l'impression de vivre dans une citadelle assiégée : « Ils vont te faire travailler sur mes dossiers, c'est ça ? Pour le plaisir de me les enlever ? » Il y a dans ce « ils » quelque chose de mystérieux, d'opaque. À en croire la peur de la conseillère, ENA nostra doit avoir une branche libanaise. Je la rassure comme je peux : « Personne ne semble encore savoir quelle sera ma mission. » En attendant, ma première impression est faite : cette ambassade n'est pas nette.

12 h 30 Je veux proposer à Thierry de partager son déjeuner avec moi. Alors que je m'approche de son bureau, une jeune femme s'en échappe brusquement, m'aperçoit, baisse les yeux aussitôt et disparaît au fond du couloir. Il me manquait ce regard, voire ce sourire de courtoisie qu'on distribue habituellement dans le monde du travail pour peu qu'on ne soit pas gravement préoccupé. Thierry n'a pas l'air de comprendre non plus. J'apprends qu'elle se dénomme Adalia. J'ai entr'aperçu deux yeux clairs sous des paupières mates à moitié closes et un grain de beauté à la commissure des lèvres. Elle occupe le poste de première secrétaire, un autre grade de conseiller. Je me demande si je ne vais pas forcer les présentations. Pour ne pas tomber imprudemment sur une ligne ennemie, je sors mon téléphone de ma poche et sollicite quelques éclaireurs en France. De fil en aiguille, je reconstitue son parcours. J'apprends qu'Adalia a passé le concours de l'ENA à deux reprises et a fini sur liste d'attente. Si l'un des candidats décide de ne pas intégrer l'École, la place se libère. Autant dire que les chances sont minces et que le retour à la case départ est fréquent. Cela a été le cas pour Adalia. Je comprends mieux que la présence du stagiaire puisse l'agacer. Je sors de mon bureau, cogne à sa porte, y pénètre avec une assurance feinte, m'assure qu'elle peut m'accorder un instant, reste silencieux quelques secondes, le temps de ménager le malaise, et lui transmets l'amitié de nos amis communs. Elle sourit, intriguée. J'ajoute ensuite, pour briser la glace, que je n'ignore pas qu'elle a passé le concours à plusieurs reprises. « Je le retente cette année. » Mes neurones miroirs s'affolent. Combien d'années de sa vie va-t-elle y consacrer ?

14 h 00 Voilà trois jours que je tente de m'intégrer aux équipes : le commissaire divisionnaire envoyé par le ministère de l'Intérieur pour coopérer avec le gouvernement libanais dans le domaine de la sécurité, le colonel aux moustaches malicieuses en charge de la défense, le conseil culturel, la conseillère de coopération… tous semblent douter du bon fonctionnement de la boutique. Ils me mettent en garde les uns contre les autres, m'expliquent quelles missions je devrais ou non accepter (il y en a donc de prévues). Et quand ils m'annoncent que la plaque « Ambassade de France » devrait être

changée pour « Hôpital psychiatrique de France »
ou « Jardin d'enfants de France », je comprends que
je n'ai encore rien vu.

Rendez-vous au sommet

13 fév.   Fin de ma première semaine. Je ne suis tou-
19 h 00   jours pas plus avancé sur les missions qu'on
va m'attribuer, mais je connais tout le monde. Je me
lève, prêt à partir, quand mes yeux tombent sur
l'organigramme de l'ambassade que j'ai accroché au
mur pour ne manquer personne. Mon attention est
attirée par un nom resté sans visage : Antoine du
Rocher. D'après le numéro de poste, le bureau de
ce discret collègue devrait se situer juste à côté du
mien, au premier étage. Je m'étonne d'avoir réussi à
passer une semaine sans m'en apercevoir. Je sors la
tête de mon bureau, inspecte les alentours, emprunte
le couloir dans les deux sens, reviens face à ma porte,
m'immobilise, incrédule : il n'y a pas de bureau. Je
retourne m'asseoir dans le mien, m'empare de mon
téléphone et compose le numéro du poste fantôme.
Deux sonneries, puis une voix masculine : « Oui ? »
J'indique que je suis le nouveau stagiaire, que
j'avais pensé avoir rencontré toute l'équipe mais
qu'apparemment nous nous sommes ratés. Deux
secondes de silence, et la voix décrète : « Rendez-vous
aux toilettes du rez-de-chaussée dans dix minutes. »
Mon correspondant raccroche. Je pense d'abord à
une plaisanterie. L'ambassade est déserte, pas un
bruit. Si c'en était une, il aurait rappelé. Je me lève,
descends le long escalier vide, pousse la porte des

toilettes. Personne. J'entre. Toujours personne. Je patiente, héroïquement. Oui, ce doit être une blague, une sorte de bizutage.

Tout à coup, plusieurs bips étouffés se font entendre. On dirait que quelqu'un manipule un digicode. Une porte dissimulée s'ouvre au fond des toilettes, un homme souriant passe la tête : « Bonjour, venez ! » Il disparaît. Je franchis l'entrée et tombe sur un minigarage où tourne le moteur d'une berline. Je m'y installe avec une inquiétude mal dissimulée. « Bienvenue à la DGSE », me lance Antoine dans un mouvement de tête. Dix minutes et quelques crissements de pneus plus tard, nous pénétrons dans un immeuble banalisé. Du parking, un escalier descendant en colimaçon nous mène dans une demi-obscurité à de petits bureaux dissimulés à plusieurs mètres de profondeur, les locaux libanais de la Direction générale de la sécurité extérieure française, la structure qui regroupe les espions français qui officient à l'étranger. Des caisses d'armes sont alignées contre les murs. Ici, un saladier rempli de téléphones mobiles. Là, un autre débordant de faux passeports.

De taille moyenne, vêtu d'une veste de cuir usée, légèrement serré dans un jean maintenu par un ceinturon orné d'une épaisse boucle argentée (en forme de voiture), Antoine affiche l'air bonhomme du gars simple, jovial, toujours prêt à partager l'apéritif. Officiellement, Antoine est conseiller à l'ambassade. Dans les faits, il coordonne toutes les opérations d'espionnage qui partent du Liban. Je l'interroge sur la solitude de cette vie cachée, loin des clichés véhiculés par le cinéma. Il me parle de l'éloignement familial, de la culture du secret qui chez certains peut tourner à l'obsession, de la difficulté à nouer des relations normales avec autrui. Antoine n'est pas un héros ; seulement un type désespérément normal qui s'efforce de s'acquitter au mieux de sa tâche ; il tutoie les bons, les méchants et les types intermédiaires. Beaucoup savent qui il est, mais tous font semblant de l'ignorer.

À la tête d'une trentaine d'agents, Antoine est chargé d'observer le terrain et de déclencher les actions discrètes qui s'imposent. En fait, James Bond n'existe pas. Le héros de Fleming compile trois fonctions propres à trois agents distincts : les analystes qui passent leurs journées à surfer sur Internet et à lire les journaux pour effectuer un travail de veille, les chercheurs qui nouent des contacts sur le terrain et en tirent des données pour les analystes, et les membres du service action, les durs de durs qui se rendent sur le terrain pour exécuter une mission. J'en croiserai plusieurs aux abords de l'ambassade, entrés sous couverture sur le territoire, ou par voies dérobées, c'est-à-dire sans existence officielle. Ils partagent des signes particuliers : visage d'acier, musculature protubérante, mâchoires trop serrées pour dire bonjour.

Haut les cœurs !

16 fév. Un courriel de Rodolphe – le délégué tatoué du module « Action de communication » – rappelle Strasbourg à mon bon souvenir. Le ton est à l'image de l'athlète : « Il faut que d'ici une semaine, je dis bien une semaine, chacun ait fait savoir de quoi il entend s'occuper. Je ne souhaite pas avoir à me répéter. *Sursum corda !* » Et dire qu'il dirigera un service administratif à la sortie de l'École.

Mylène, l'un des membres du groupe, répond dans la journée. Elle nous envoie la fiche qu'elle « vient de rédiger » : « Les femmes dans le monde, traite et prostitution forcée ». Le lien avec « L'image de l'Union européenne auprès des femmes » n'est pas évident et cela sent la note recyclée pour l'occasion, mais elle a au moins répondu dans les temps.

Il sera, en revanche, impossible à Anne de respecter les consignes que Rodolphe lui avait assignées. Nous apprenons son décès. Malade avant la rentrée, elle n'était jamais venue à Strasbourg. J'apprends que le directeur Sérizy était présent à ses funérailles. On me rapporte qu'il racontait à qui voulait l'entendre que, même s'il ne l'avait jamais rencontrée, Anne était assurément une élève d'une très grande valeur puisqu'elle avait obtenu 17 sur 20 au grand oral. J'appelle ma famille en catastrophe et lui fais part de mes dernières volontés : « En cas de coup dur, le concours, le classement : pas un mot. *Sursum corda !* »

Beyrouth-sur-Seine

19 fév. Toujours privé d'attributions précises à la chancellerie, je profite de mes journées pour chercher un appartement à louer, et quitter ma cellule de séminariste. De contact en contact, je trouve un appartement à Achrafieh, le vieux quartier chrétien, à quelques minutes à pied de l'ambassade : cent vingt mètres carrés de superficie pour le prix de mon petit studio à Paris, avec un accès au toit d'où la vue embrasse tout Beyrouth.

Je viendrai souvent me recueillir sur ces hauteurs et y écouter les bruits de la ville. Le flot incessant des voitures et le brouhaha des activités humaines envahissent l'air, déchiré régulièrement par les tirs d'armes à feu, aussi banals que les coups de klaxon en France. Un coup de feu n'est d'ailleurs pas synonyme de règlement de compte. Cela peut être une démonstration de joie, ou d'ennui. Une sorte de coutume nationale. L'ambassade m'abonne au service Liban Call qui permet de recevoir par SMS des alertes sur les quartiers à éviter pour se protéger des rafales malencontreuses. C'est assez exotique, même s'il arrive qu'une balle retombe sur la tête d'un malheureux qui se trouvait au mauvais endroit au mauvais moment. On déplore quelques morts tous les mois. *Inch' Allah*, dit-on ici.

L'appartement compte deux chambres, un grand salon, une immense terrasse, une cuisine et une salle de bains. Les meubles et la tapisserie sont d'un autre temps. Mme Maroun, ma logeuse, m'indique qu'elle connaît l'homme qui pourra m'installer Internet.

23 fév. M. Dafi se sera fait attendre quatre jours. Une sorte de Mister Bean beyrouthin, la trentaine, jean et chemise blanche trop larges : c'est lui le parrain des télécoms d'Achrafieh. L'homme vient de sonner à ma porte. Il me salue et se dirige d'un pas nonchalant vers la fenêtre, d'où il tire jusqu'à lui une

dizaine de fils électriques distendus qui s'enchevê-
trent au-dessus de la rue. D'un geste rapide et maî-
trisé il attrape l'un d'eux et se branche sur le réseau
de la ville. Il perce un trou dans le mur, passe la
connexion à travers et me demande fièrement
100 dollars. Je le paie cash, mets en marche mon
ordinateur et tente d'envoyer un courriel : aucune
connexion. Je me retourne, M. Dafi n'est plus là.
J'entends la porte d'entrée qui claque et le bruit de
sa dégringolade dans l'escalier.

C'est Beyrouth. C'est le Liban...

Le matin, je pars de chez moi un peu avant
9 heures pour la réunion quotidienne à l'ambassade.
La température peut grimper rapidement jusqu'à
38 °C. J'arrive à mon bureau en sueur, sanglé dans
mon costume cravate et impeccablement rasé, sauf
si une panne de courant m'a obligé à me raser dans
le noir. À Beyrouth, il y a une heure de coupure
chaque jour.

Durant les dix minutes que dure mon trajet, j'ai
le temps de croiser quatre tanks, six voitures blindées
et une bonne douzaine de soldats armés jusqu'aux
dents. Quasiment le défilé du 14-Juillet. La ville
garde encore les traces de la dernière démonstration
de force du Hezbollah. L'année passée, au mois de
mai, les soldats de la milice chiite sont sortis de leur
territoire, au sud de Beyrouth, pour investir les quartiers ouest et les sites stratégiques. La démonstration
de force a été impressionnante. L'armée libanaise est
restée discrète, et les différentes milices se sont

affrontées jusqu'au repli du Hezb' quelques jours plus tard. Depuis plane la menace d'un retour à la guerre civile et Beyrouth ressemble à une ville en état de siège. La tension y est permanente, et légèrement stressante pour qui n'est pas habitué à croiser des militaires en allant faire ses courses. Une amie, venue me rendre visite, sortira d'ailleurs traumatisée de la boulangerie locale après y avoir fait la queue entre deux civils armés, le pistolet coincé dans la ceinture, bien en évidence. Les types ne cherchaient pas à frimer, ils étaient là, comme elle, pour leur petit-déjeuner. À Beyrouth, porter une arme est presque aussi banal que dégainer un iPhone.

Sous la fenêtre de mon bureau, qui donne sur la rue de Damas, un char et deux soldats stationnent en permanence. À chaque carrefour stratégique sont postés des hommes en armes. Il flotte dans l'air une atmosphère curieuse, chargée d'incertitude, comme si la douceur de vivre n'était qu'une apparence, susceptible à tout moment de céder la place à la violence et à la guerre entre les communautés. Je comprends mieux cette espèce de fatalité qui imprègne la mentalité des Libanais. C'est ce que m'explique Hachim, l'un des gardiens de l'ambassade, quand je lui demande la signification précise du *Inch'Allah* local : « Tu ne sais pas si demain, quand tu arriveras, l'ambassade sera toujours debout. C'est Beyrouth, c'est le Liban, *Inch'Allah* ! »

Difficile dans ces conditions de se sentir en complète sécurité, même si le Liban n'est pas un pays où règnent le chaos et la loi des rues. On ne risque pas constamment de troquer sa montre contre un coup de couteau, mais on éprouve vite le sentiment que la vie quotidienne, ici, est proche de la rupture. Certaines précautions élémentaires se sont donc rapidement imposées. La première de toutes, dictée par les services de l'ambassade, a consisté à ne pas se rendre dans la zone contrôlée par le Hezbollah, située au sud de Beyrouth. La démarcation entre les quartiers sud et le reste de la ville n'est indiquée nulle part, mais on comprend rapidement qu'on vient de franchir cette frontière invisible. Les miliciens se multiplient et les regards en direction du visiteur se font lourdement insistants. Normalement, la sensation d'étouffement suffit à alerter l'intrus, qui s'empresse de faire demi-tour. Durant mon séjour, trois touristes français ont été arrêtés en banlieue sud par le Hezbollah, à la sortie d'un magasin dans lequel ils étaient prétendument entrés pour acheter du shampoing. Quarante-huit heures plus tard, ils ont été déposés en caleçon devant la grille de l'ambassade, après une garde à vue en règle dans des bâtiments en préfabriqué…

Grâce à mon passeport de service fourni par le Quai d'Orsay, je suis censé me trouver à l'abri de ce genre de mésaventure, mais je dois tout de même m'habituer aux rondes des shérifs. Je quitte régulièrement l'ambassade à la nuit tombée. Mes talons claquent comme des éperons sur les trottoirs vides. Pour rentrer chez moi, je longe le siège des forces de sécurité intérieures (FSI). La rue est assez sensible et des hommes en civil y sont stationnés en permanence. À plusieurs reprises, ils me tombent dessus et me conduisent dans leur voiture. Ils ne parlent qu'arabe et je n'en mène pas large. Après vérification de mon passeport, ils me relâchent. Il me faudra quelques semaines pour les « apprivoiser ». Ensuite, nous n'échangerons plus que des regards froids, ils prendront le temps de me reconnaître, s'interdiront tout signe de tête, s'abstiendront même de me regarder plus longtemps, m'oublieront… ou feront semblant.

En ce moment le Liban est plutôt calme, mais les relations avec Israël, comme toujours, sont assez tendues. Les Libanais ont récemment mis la main sur un repaire d'espions israéliens. Ils avaient notamment identifié un professeur de mathématiques paraplégique qui officiait comme agent secret. Mais celui-ci a réussi à s'enfuir et à bondir par-dessus les barbelés de la frontière, lorsque la DGSG est venue l'arrêter !

Objectif visas

24 fév. Deux semaines après mon arrivée, j'obtiens ma première mission. Les Libanais quand ils souhaitent se rendre en France doivent demander un visa. La réciproque n'est pas vraie, et les Libanais s'en irritent. Ils grondent même depuis quelque temps car les délais de délivrance des visas par le consulat général se sont considérablement allongés. Au point que M. l'ambassadeur s'est fait récemment remonter les bretelles par le ministre des Affaires étrangères libanais qui jugeait intolérable l'« humiliation » que subissait son peuple : il se murmure que les candidats sont traités de façon inhumaine ; que les délais d'obtention d'un rendez-vous sont interminables, tout comme l'attente au moment du retrait du visa ; que leurs durées de validité sont à la tête du client ; que l'information donnée par l'administration est insuffisante ; que les demandeurs patientent debout durant huit heures, sans eau ni climatisation... Bref, un véritable cauchemar pour se rendre dans ce que les Libanais considèrent comme leur seconde patrie. J'apprends par mes camarades stagiaires de Russie, d'Afrique du Sud, de Turquie... qu'en la matière mon consulat est loin d'être une exception.

D'après l'ambassadeur et son premier conseiller, la situation est on ne peut plus simple : il y a un problème avec Mme la consule qui, soit dit en passant, n'a pas fait l'ENA. L'idée est donc d'améliorer le processus en le privatisant pour moitié. C'est là que le stagiaire de l'ENA est prié d'intervenir, en effectuant un audit qui aura le bon goût d'aboutir aux mêmes conclusions que l'ambassadeur.

Comme je n'ai aucune compétence en matière d'audit et que je ne sais pas m'engager dans un travail dont les conclusions sont prédéterminées, je fais mon Bartleby : « Je préférerais ne pas... » Sourire gêné ou étonné de Son Excellence. Mon aveu d'incompétence laisse toujours mes interlocuteurs dans l'embarras : ne sommes-nous pas censés tout savoir, avoir tout lu et tout compris ? Mais SEMA n'insiste pas, nous sommes entre nous, et m'accorde sa confiance en me laissant libre de la méthodologie et des conclusions.

En sortant de son bureau, je tombe sur Thierry et lui touche un mot de ma première mission. Il l'accueille avec une angoisse communicative : « Mon pauvre, autant se promener sur un champ de tir... » Me voilà prévenu. Je demande quand même à mes collègues comment une situation locale aussi dégradée

75

peut-être tolérée par le Quai d'Orsay. « Il y a bien eu une mission d'inspection il y a quelques mois, m'explique l'un d'eux. Mais, tu comprends, les inspecteurs sont de la maison. Dans quelques années, ils seront de nouveau en poste, et on pourrait se retrouver sous leurs ordres. Pour ne pas être catalogués balances, on ne dit trop rien... » Et le rapport d'inspection est dithyrambique.

Men in black

Le dispositif de sécurité autour de M. l'ambassadeur est impressionnant. Une grosse voiture japonaise blindée ouvre le convoi, avec quatre hommes en armes à son bord. Vient ensuite sa voiture avec un chauffeur et un garde du corps ; puis une troisième aussi menaçante que la première ferme la marche. À chaque voyage, l'ordre des voitures change. Lorsque je circule avec lui, je suis assis à son côté. Il ne met pied à terre qu'à couvert, c'est-à-dire dans un parking ou sous un drap, tendu pour l'occasion, afin d'éviter les tireurs isolés. Quand il revient à l'ambassade, le dernier véhicule stationne quelques minutes à l'entrée avant de rentrer au garage, afin d'éviter qu'une voiture bélier conduite par des kamikazes ne s'engouffre derrière lui.

Mieux vaut être prudent, surtout avec cet ambassadeur-là. Car l'homme est imprévisible. Il lui est déjà arrivé de terminer le trajet à pied parce qu'il en avait assez d'être bloqué dans un embouteillage. Ses gardes du corps s'en souviennent encore. Ils se sont mis à hurler dans leurs micro-oreillettes, sont sortis précipitamment de leur véhicule et ont suivi Son Excellence à quelques mètres de distance en suant à grosses gouttes. Un soir, il est parti se balader dans Beyrouth en sortant discrètement par l'arrière de la résidence des Pins. Quand les membres de la sécurité, chargés de veiller sur lui vingt-quatre heures sur vingt-quatre, se sont aperçus de son absence, ils ont immédiatement prévenu le Quai d'Orsay. Branle-bas de combat à Paris ! M. l'ambassadeur de France au Liban a disparu... On l'a retrouvé une heure plus tard, un grand sourire aux lèvres, en train de manger une glace avec sa femme à dix minutes à pied de la Résidence. Il est vrai qu'à l'heure actuelle la probabilité d'un attentat contre lui est plutôt faible. L'assassinat de l'ambassadeur Delamare, à Beyrouth, en 1981, a cependant laissé des traces dans les esprits.

Sans avoir peur pour ma vie, j'ai conscience qu'il faut rester sur ses gardes, comme si la fragilité de l'existence dans cette région du monde, où la paix est plus souvent un idéal qu'une réalité, se rappelait chaque instant à soi. Le soir, avant d'effectuer mon jogging dans les jardins de la résidence, je me change dans l'étroite guérite de sécurité en me cognant aux armoires pleines de fusils d'assaut qui garnissent les murs...

Sujets de discorde

25 fév. L'ambassadeur m'informe de ma seconde mission : rédiger une note à l'attention du Quai d'Orsay sur la situation des chrétiens du Liban dans le cadre des élections législatives qui s'y dérouleront le 6 juin, jour de mon départ. Le Liban est un État multiconfessionnel dont l'équilibre du pouvoir repose sur un partage original des responsabilités entre les différentes communautés. Par exemple, en vertu de la Constitution libanaise, le président de la République doit être un chrétien maronite, le Premier ministre un musulman sunnite et le président de l'Assemblée nationale un musulman chiite. Les chrétiens, qui représentaient historiquement une population importante, voient leur poids relatif diminuer. Ma note doit reprendre l'historique de l'influence de la communauté chrétienne au Liban et dresser un état des lieux du dialogue entre les trois communautés et de l'influence des différents leaders. J'ai carte blanche pour rencontrer les interlocuteurs qui me permettront de comprendre la situation. Et j'ai accès aux ressources de l'ambassade. François, chef du protocole et du bureau de presse, né dans les murs de l'ambassade où son père a fait toute sa carrière de chauffeur, m'offre son aide. L'homme a ses entrées partout au Liban, peut avoir accès à n'importe qui et connaît l'histoire des relations franco-libanaises sur le bout des doigts. Être dans ses petits papiers permet de bénéficier de son entregent. Et comme il est affable, c'est relativement aisé.

En fin d'après-midi, Béatrice passe une tête par la porte de mon bureau : « Je savais bien que tu me piquerais l'un de mes dossiers. » Généralement en charge du suivi de la communauté chrétienne, elle comprend mal qu'on le lui ait retiré à l'occasion de ces élections et pense que l'énarque n'a pas dû insister beaucoup pour l'obtenir. Je lui assure que cette mission m'a été imposée et lui indique que j'ai besoin de son aide. Une entente cordiale qui me permettra de profiter de ses entrées, notamment auprès du Hezbollah.

Règlement de compte

3 mars
3ᵉ mois
15 h 00

Premier étage du consulat. J'entre dans un grand bureau, sans fioritures, donnant sur l'espace des lettres. Une femme d'une cinquantaine d'années, de petite taille, serrée dans un tailleur strict, m'accueille froidement, le regard noir. Bienvenue dans l'univers de la consule, Mme Rénaud.

« Vous êtes ici pour me flinguer ? »

Cela fait quinze jours que j'essaie d'obtenir un rendez-vous. Dans un premier temps, elle n'a pas daigné me recevoir, n'ayant aucune envie d'avoir dans les pattes un stagiaire de l'ENA à la solde de SEMA et du sieur Moreau. J'ai dû ruser en passant par François, qui a intercédé en ma faveur. Il lui a suffi d'expliquer que je n'étais pas un mauvais bougre. Une heure après, elle me proposait un rendez-vous. Tout aurait été beaucoup plus simple si elle avait été énarque. Ou si je ne l'avais pas été moi-même.

Il va falloir manœuvrer en douceur, ne pas la brusquer, tenter de la rassurer. Je respire un grand coup et j'entreprends de jouer cartes sur table : c'est vrai qu'il m'a été demandé de produire un rapport assassin sur sa gestion du service des visas, mais j'ai refusé ; je compte seulement réfléchir avec elle à des solutions… « Il n'y a rien à imaginer, puisqu'il n'y a pas de problème. Ce sont seulement l'ambassadeur et son premier conseiller qui veulent ma peau et inventent des dysfonctionnements là où il n'y en a pas ! (*Silence.*) — Dans ce cas, je vous propose, madame la consule, une observation en néophyte du service afin qu'avec bon sens le doute soit levé sur les problèmes qui n'en sont pas ? »

Aux morts pour la France, le classement reconnaissant

6 mars Je suis convoqué dans le bureau du premier conseiller. J'attends à la porte en discutant avec son assistant, Ludovic, de l'association que nous avons formée : chaque après-midi, nous commandons un jus de fruits pressés pour chaque membre de la chancellerie, et un autre que nous faisons livrer à quelqu'un de l'ambassade, choisi au hasard, avec un petit mot de notre cru, plein de chaleur humaine. Une idée comme une autre pour contrebalancer l'ambiance délétère et instiller de la bonne humeur.

Le téléphone sonne, je peux entrer. M. Moreau m'attend derrière son bureau, un énorme cigare dans une main, un jus d'orange-pamplemousse-abricot dans l'autre : « Asseyez-vous, monsieur le stagiaire de l'ENA, j'ai à vous parler. » Puis il se tait et me dévisage. On entend quelques mouches voler… À quelle sauce va-t-il me manger ? « Vous avez peut-être raison, vous savez », dit-il enfin. Je le regarde, interrogateur et soulagé. « À propos du classement, j'entends », continue-t-il. Puis il me met dans la confidence de son passage éclair à Paris pour les obsèques d'un célèbre ambassadeur, fine fleur du *Who's Who?* diplomatique, mort de sa belle mort, dont la veuve a déclaré : « Dire que mon époux regrettait encore, deux jours avant de partir, les quelques points qui l'avaient séparé de l'Inspection générale des finances ! » Et M. Moreau, philosophe, de se rencogner dans son fauteuil : « Tout ça pour ça, Olivier, vous vous rendez compte ? Ah, ça fait réfléchir ! »

La guerre est déclarée

10 mars Je me glisse dans la salle d'attente où se pressent les demandeurs, prends les premiers avis et m'assieds dans un coin pour guetter. J'ai prévu de le faire régulièrement : j'observe, je note, j'observe, je note, et ce pour pouvoir répondre, semaine après semaine, à un questionnaire de mon cru préalablement validé par Mme Rénaud, M. Moreau et Son Excellence : « Les Libanais sont-ils traités de façon inhumaine par le consulat ? » (1re semaine), « Le délai d'obtention d'un visa est-il anormalement long ? » (2e semaine), « Les interventions de la chancellerie pour obtenir des visas sans passer par la procédure commune gênent-elles le consulat ? » (3e semaine), etc. Chaque lundi, je lance le débat sur la thématique. Le mercredi, je synthétise (la spécialité maison) les retours et dresse une liste de propositions d'améliorations, lesquelles seront validées ou non le vendredi par M. Moreau et Mme Rénaud, sous la haute bienveillance de SEMA. Je constate très vite que les conditions sont bien moins désastreuses que ce que la rumeur annonçait. La moindre de mes propositions prend pour autant des proportions inimaginables.

13 mars Voyant les demandeurs de visa patienter longuement sans pouvoir utiliser la fontaine à eau faute de gobelets en plastique, je suggère que les stocks soient réapprovisionnés. On me répond que le budget ne le permet pas.

15 mars Je suis effectivement en terrain miné. Côté consulat, je suis l'espion de la chancellerie ; côté chancellerie, je suis le mignon de la consule. Entre les deux, le mur de séparation n'est pas que physique, et je dois organiser la première réunion de validation des propositions. Pour commencer, impossible de mettre d'accord les protagonistes sur le lieu du rendez-vous ! Je propose un terrain neutre : le café du campus. Mais cette proposition vient-elle d'un agent double ou triple ? M. Moreau, lorsque je vais le chercher pour l'y accompagner, refuse de bouger : « Arrêtons les enfantillages, faisons ça dans mon bureau. » Oui, sauf que la consule refuse d'aller chez l'ennemi. Je parviens finalement à les convaincre de se voir en salle de réunion. Ludovic commande des jus de fruits pour tout le monde. Apaiser les esprits est devenu son sacerdoce. Les gobelets sont posés dans un sac devant moi. M. Moreau entre et va pour s'asseoir nonchalamment en bout de table. Je lui refuse ce privilège en l'invitant à se mettre à ma droite. Chacun de part et d'autre du stagiaire, les voilà à égalité. Début de réunion, silence glacial. Je propose qu'on se dise bonjour pour commencer... Ils ne se regardent pas, ne parlent qu'à moi. La scène est surréaliste. Je distribue les jus de fruits. Chacun tire sur sa paille frénétiquement, pour faire passer le temps. Quinze minutes montre en main et la réunion est terminée. Mais j'ai obtenu les validations...

Alors que nous nous apprêtons à nous quitter, l'ambassadeur passe une tête dans la salle de réunion. Je pense naïvement qu'il souhaite nous rejoindre, mais il disparaît aussitôt comme s'il avait poussé la mauvaise porte. Il me convoquera cependant après la réunion, persuadé d'avoir eu une vision : « Vous avez réussi à les faire asseoir à la même table ? Je ne l'ai pas rêvé ? — Non, Votre Excellence, vous n'avez pas rêvé. — Ça a bien changé, l'ENA. C'est vraiment devenu l'École nationale de l'amour ! »

L'ami du président

18 mars Alain Joyandet, secrétaire d'État à la Coopération et à la Francophonie, maire de Vesoul, arrive dans deux jours pour participer au sommet de la Francophonie. Les ministres français adorent Beyrouth. Entre la France et le Liban, c'est une vieille histoire d'amour. De 1920 à 1943, le Liban s'est trouvé sous mandat de la République française. Le français est parlé dans les rues au même titre que l'arabe, la langue officielle. Le sort du Liban s'est longtemps décidé entre le Quai d'Orsay et l'Élysée. Vue de Paris, Beyrouth est un petit morceau de France perdu dans un environnement hostile, mais où il fait bon vivre. Dès qu'un ministre en a l'occasion, il s'offre une virée en capitale libanaise.

Pour les diplomates, l'arrivée d'un ministre est synonyme de petites contrariétés et de grosses journées de travail. Le Quai d'Orsay ou le cabinet du ministre envoie aux services de l'ambassade les dates de la visite. À eux de se débrouiller pour organiser sa réception et répondre à ses attentes. Les télégrammes diplomatiques se croisent en un ballet incessant d'ordres et de contrordres, de propositions et de contre-propositions. C'est l'effervescence. Thierry, qui est aussi le conseiller de presse de l'ambassadeur, est à la manœuvre. François, en tant que chef du bureau de presse et responsable du protocole, assure l'exécution des opérations. Le conseiller chargé de la coopération travaille en étroite collaboration avec eux, car Alain Joyandet est son ministre de référence. Tout le monde est sur le pont. Mais l'ambassadeur n'a pas encore désigné le responsable en chef. En pleine réunion, la température monte d'un cran dans les couloirs de l'ambassade : M. Moreau demande au patron de désigner l'interlocuteur en charge du dossier. « Nous sommes avant tout une équipe ; tout le monde participe ; personne n'est vraiment en charge », répond Son Excellence. M. Moreau explose : « Mais il faut désigner un responsable ! Si ce n'est pas moi, je n'ai rien à faire ici ! » Silence. M. Moreau attend une réponse. Silence. M. Moreau se lève et quitte la salle. Silence. L'ambassadeur se racle la gorge, bougonne quelques mots et annonce que la réunion est terminée.

Plusieurs propositions de visites ont été envoyées au cabinet du ministre afin qu'il rencontre les acteurs des projets de coopération franco-libanais. Elles ne l'intéressent pas. Nous suggérons d'autres pistes. Elles sont toutes refusées. Le ministre veut rendre visite à la FINUL, la force d'interposition des Nations unies en poste au Sud-Liban, près de la frontière avec Israël. Point final. Son collègue de la Défense l'a déjà fait mais les ordres sont les ordres. Thierry s'y colle : discussion avec les militaires, détails pour le voyage en hélicoptère, envoi sur place en préventif des hommes du RAID pour sécuriser l'atterrissage.

20 mars 16 h 00 En homme pressé, M. le ministre est venu de Paris à bord d'un jet. C'est plus chic que la ligne régulière et puis le peu de minutes économisées ne coûtent que quelques dizaines de milliers d'euros. Il se pose avec deux conseillers de son cabinet et deux inconnus qui le suivront tout au long de son voyage, et se rend directement au sommet de la Francophonie.

21 mars Au matin, Joyandet rencontre le président de l'Assemblée nationale, le Premier ministre et le président de la République libanaise. Il n'a pas grand-chose à leur dire. La conversation est ponctuée de longs silences, les traducteurs regardent le plafond. En sortant des rendez-vous, chargés de rédiger le compte-rendu, nous nous arrachons les cheveux avec Thierry.

Pendant le déjeuner à la résidence des Pins, nous avons réussi à placer à sa gauche le directeur de

l'antenne locale de l'Agence française de développement, qui finance les projets de coopération. Il
espère profiter de ce court moment pour montrer au
ministre les plans de différentes usines financées par
ses services. Il sort le plan. Le ministre jette un œil
et tourne la tête de l'autre côté : ça ne l'intéresse pas.
Mais c'est compter sans notre ruse : à sa droite, nous
avons placé le conseiller de coopération, en charge
notamment de l'éducation. Le ministre est cerné. Le
conseiller lui parle de la situation de la langue française dont l'usage décline à travers les années. Alain
Joyandet est au courant, il va envoyer cent vingt
volontaires internationaux pour donner des cours de
français. « Cent vingt... ? Mais pour quoi ? » On ne
saura pas comment les former, ni où les affecter. « Le
président Sarkozy trouve que c'est une bonne idée »,
répond Alain Joyandet. D'ailleurs, le président est le
parrain d'un de ses fils. Cela n'a rien à voir avec la
coopération, mais le ministre ne perd pas une occasion de rappeler les liens privilégiés qui l'unissent au
locataire de l'Élysée.

14 h 00 Le gros hélicoptère qui quitte Beyrouth
nous transporte avec l'équipe du ministre, l'ambassadeur, Thierry et cinq ou six journalistes. Nous lon-
geons les montagnes du Liban à basse altitude, le
hurlement du moteur couvre nos voix, la chaleur est
étouffante. En s'asseyant à l'intérieur, le ministre a
mis ses lunettes de soleil. Si sa mâchoire ne pendait
pas, le stratagème pourrait avoir fonctionné. Mais il
n'y a pas de doute : il s'est assoupi derrière les verres
teintés. Lorsque nous nous posons, les agents du
RAID sont positionnés avec leurs oreillettes et leurs

costumes noirs, tout autour de l'hélicoptère. On se croirait dans *24 heures chrono*. Ils restent impassibles sous le soleil, comme indifférents aux éléments naturels et au stress. Nous descendons ; les militaires jouent un air au garde-à-vous. Nous nous trouvons dans le camp de la FINUL, à quelques kilomètres de la frontière avec Israël. Le ministre fait le tour de la base avec les quatre membres de son entourage et les agents de sécurité. Nous inspectons les équipements, écoutons le rapport de l'armée, puis remontons dans les voitures blindées et nous dirigeons vers un petit village tout proche. Autour de nous, le décor est lunaire. Des cratères provoqués par les bombes donnent une allure de fin du monde aux routes que nous arpentons. Nous nous dirigeons vers un CLAC (centre de lecture et d'action culturelle), bibliothèque publique gratuite, gérée par une association avec le soutien des budgets de la coopération française. C'est une salle minuscule d'à peine trente mètres carrés, dirigée par une femme, chiite et non voilée, qui a choisi de contribuer à la diffusion de notre langue, en dépit de conditions matérielles très difficiles et d'un environnement rude. Alain Joyandet devrait apprécier.

Les parents des enfants lecteurs se sont massés devant l'entrée, en attendant la visite du secrétaire d'État. La directrice du centre est intimidée, autant par le visiteur que par le nombre d'hommes en uniforme, la main sur l'oreillette. Elle tient un papier dans une main, un court discours préparé pour l'occasion. Mais Alain Joyandet ne la remarque même pas. Après avoir fait le tour de la pièce tel un lion en cage, il lâche un « Allez, on y va ». Très clairement, ça ne l'intéresse pas. Derrière moi, un militaire, pourtant habitué à la retenue, souffle discrètement : « Mais quel con ! » Thierry pousse la directrice vers le ministre. Elle est devant lui. Il est obligé de l'écouter. Elle prononce quelques mots puis va chercher un énorme gâteau sur lequel est écrit « Vive la francophonie, vive la France ». Les gamins sont excités, ils courent dans tous les sens. La directrice découpe le gâteau et lui tend la première part : « Non merci, je n'ai pas faim », dit-il alors, avant de tourner les talons. Fin de la visite.

Nous remontons dans les voitures. Je voyage avec l'un des conseillers techniques qui m'explique, alors que je lui communique mon étonnement, que M. le ministre suit un régime et qu'il a juré de ne jamais manger entre les repas. J'ose : « Un peu de sport devrait venir à bout d'une bouchée diplomatique. — Il pratique déjà le vélo, et d'ailleurs avec le président Sarkozy dont il est très proche. » Mais ça, je le savais déjà.

Retour à la base militaire. L'hélicoptère attend pour redécoller. Les soldats sont de nouveau au garde-à-vous, en plein cagnard. Avant de rentrer à Beyrouth, le ministre doit encore décorer l'un des leurs et prononcer un discours. Il s'avance : « Mesdames, messieurs… », un blanc, il se retourne vers ses conseillers : « Comment s'adresse-t-on aux troupes, déjà ? » Flottement dans les rangs. Le silence devient pesant. On en viendrait presque à espérer qu'une roquette tombe à proximité pour faire diversion. Les militaires ne disent rien mais n'en pensent pas moins. Le ministre improvise finalement une courte intervention commençant par : « Ainsi que me le

88

disait hier le président Sarkozy, qui vous le savez est un ami » et finissant par « Je ne manquerai pas de le rappeler au président Sarkozy, que je vois, comme vous vous en doutez, dès mon retour ». Et le conseiller technique de lui rappeler, puisqu'il semble l'avoir oublié, qu'il doit remettre une médaille à l'un des soldats. Joyandet soupire en le cherchant des yeux : « Il est où, celui-là ? — Je suis derrière vous depuis le début de la visite, monsieur le secrétaire d'État. » Nouveau silence gêné – sauf pour le ministre, qui en a vu d'autres. Il sort la médaille de sa boîte, baragouine un « Merci pour tout, bravo » et la lui met entre les mains, sans s'encombrer des usages militaires. Retour à l'hélicoptère et en route pour Beyrouth.

Sur le tarmac de l'aéroport où nous nous posons, les réacteurs du jet du secrétaire d'État sifflent déjà puissamment. Alain Joyandet, ses deux conseillers et les deux inconnus sautent dans l'avion qui les ramène à Paris. L'ambassadeur les suit pour les saluer, et ressort sourire aux lèvres avec *L'Équipe* de la veille, qui n'arrive à Beyrouth qu'avec un certain délai. Il donne le journal à l'un de ses gardes du corps qui l'emporte en lieu sûr.

L'avion commence à rouler doucement. Nous saluons ses passagers. L'avion stoppe. La porte se rouvre. Le ministre : « Monsieur l'ambassadeur, vous n'auriez pas vu mon exemplaire de *L'Équipe* ? Je ne le retrouve plus. » L'ambassadeur, faisant mine de regarder autour de lui : « Ah non, monsieur le ministre, aucune idée. » Alain Joyandet referme la porte. L'avion décolle.

Quelques jours plus tard, des contacts français de Thierry lui envoient par mail un exemplaire de *La Gazette de Vesoul.* À la une, en grosses lettres : « Joyandet dans le bourbier libanais »... Sur la photo, on distingue le ministre à bord d'un tank de la FINUL. Un article élogieux, signé par nos deux inconnus, raconte le voyage héroïque.

La maison de fous

Une fois la méthode de travail acceptée par tous, les premières étapes passées, la mission sur les visas prend sa vitesse de croisière. Nous arrivons rapidement à séparer les rumeurs des problèmes véritablement fondés. Le triumvirat valide un certain nombre de mesures. L'une d'elles consiste par exemple à implanter un bureau spécial au sein du consulat destiné à traiter en priorité les dossiers des jeunes Libanais souhaitant venir étudier en France. Ce bureau, situé jusqu'à présent dans le bâtiment des services de la coopération, était trop isolé et les agents s'en plaignaient.

30 mars Mon téléphone sonne. C'est Corinne, conseil-
11 h 00 lère pour l'éducation. Elle est hors d'elle. L'installation prévue pour le bureau spécial n'a pas été effectuée. L'agent technique de l'ambassade a décidé que ce n'était pas une bonne idée. Corinne est à bout, épuisée par l'absence de commandement qui oblige tout le monde à vainement refaire et redire mille fois les mêmes choses. Je lui demande quelques minutes et appelle l'agent rebelle. Il me confirme que c'est une très mauvaise idée ; il n'a donc pas envie d'installer le

bureau à l'endroit qu'on lui a indiqué. J'ai beau jeu de lui expliquer qu'il n'est pas censé bloquer une décision de l'ambassadeur sous prétexte qu'il n'est pas d'accord. À cela il m'oppose que l'ambassadeur n'est pas plus suivi par ses collègues et qu'en fait d'autorité on ne sait plus trop qui écouter. Un point pour lui. Le manque de leadership laisse les agents complètement déboussolés.

13 h 00 Corinne, heureuse que l'agent ait fini par céder, m'a proposé de fêter la nouvelle sur une terrasse ensoleillée, autour d'un hummus et d'un labné onctueux. Elle me parle de ses précédentes expériences dans des pays d'Afrique et d'Asie, tente de me rassurer sur le fait que l'ambiance n'est pas toujours aussi délétère et qu'il s'agit là d'une conjonction d'affectations qui ne fonctionne pas. Mon téléphone sonne : c'est Antoine, l'espion. Il hurle et demande à me voir immédiatement. J'interromps le déjeuner pour le retrouver dans mon bureau, où il m'apparaît en grande détresse. Lui qui d'habitude a toujours le mot pour rire et un sourire pour chacun m'annonce qu'il veut démissionner, que cela ne peut plus durer, qu'il est devenu impossible de travailler. Dans le cadre de ses missions, il a besoin de pouvoir proposer des visas à certaines de ses sources pour récolter des informations. Il m'apprend que la consule bloque certains des dossiers au motif qu'elle a besoin de temps pour les étudier et que cela le met en porte à faux vis-à-vis de ses interlocuteurs libanais. Au même moment, il s'est aperçu que certains télégrammes diplomatiques (les messages cryptés émanant du Quai d'Orsay) ne lui parvenaient plus, et il soupçonne M. Moreau d'y être pour quelque chose. Son exaspération a atteint un tel degré que je lui suggère d'aller prendre un peu l'air et le soleil, le temps que je me renseigne.

Ma carrière est fulgurante. Je suis passé de premier stagiaire à premier confident, et je crois que le poste de premier fusible vient de m'être attribué. Je passe voir la consule qui, attablée derrière une énorme pile de dossiers, relit une à une chaque décision d'attribution de visa prise par ses agents pour s'assurer qu'il n'y a pas eu d'entorses au règlement. Je lui suggère de mettre sur le dessus de la pile ceux dont Antoine a un besoin urgent. Elle n'y est pas opposée. Ça lui est même complètement égal. Les dossiers seront validés en quelques minutes. J'appelle ensuite M. Moreau en prétextant que je suis en train d'écrire le chapitre sur la communication interne de mon rapport de stage et que je souhaite vérifier avec lui l'information selon laquelle, comme je l'avais observé, tous les télégrammes n'étaient pas transmis à la DGSE par le premier conseiller. Ce qu'il infirme aussitôt : « Ce n'est pas l'usage, monsieur le stagiaire de l'ENA... » Je le remercie et raccroche. Quinze minutes plus tard, Antoine débarque dans mon bureau avec un grand sourire et me prend dans ses bras : les visas sont arrivés sur son bureau et une énorme pile de télégrammes diplomatiques vient d'y être déposée avec les excuses du premier conseiller qui invoque une erreur de transmission... Ici, comme à Beyrouth, les factions rivales doivent apprendre à cohabiter. Quant à moi, avec ma gueule d'Arabe, me voici devenu premier prophète.

Espionnite

14 avril
4ᵉ mois
19 h 00

Une fois n'est pas coutume, je quitte l'ambassade avant que le soleil n'amorce sa chute. Je me suis fait kidnapper par un groupe de collègues pour aller boire un verre. Le soldat en faction à côté de la guérite nous regarde passer. Nous nous saluons. Le vent doux s'engouffre dans nos chemises et nous porte jusqu'à notre point de rendez-vous. Le bar se trouve rue Gemmayzé, dans le quartier à la mode de Beyrouth. L'un des volontaires internationaux fête son départ : « L'ambiance au Liban me manquera, celle au sein de l'ambassade, non ! » Pas mal de visages me sont inconnus. Je suis assis à côté d'un jeune homme d'une trentaine d'années, un peu rondelet, jean moulant et voix fluette. Je lui fais remarquer que je ne l'ai jamais vu dans les bureaux. Il me dit travailler pour Antoine. Si l'alcool l'aide à sortir de sa réserve, ce devrait être l'occasion d'entendre de belles anecdotes... À sa carrure, j'imagine facilement qu'il fait *a priori* partie du premier groupe : celui des analystes. L'arak libanais à jeun aidant, il avoue être fatigué de ce travail, souffrir d'un manque de reconnaissance, ne plus supporter l'enfermement dans un bureau quand d'autres partent sur le terrain : « Je ne suis que le comptable, moi ! Ça ne fait rêver personne... » Il se ressert. Il envisage de changer de boulot. Il se ressert. Sa vie n'est pas plus enviable que celle d'un vulgaire gratte-papier. Il se ressert et verse quelques larmes sur son existence monacale. À la fin de la soirée, mon voisin de table sera, de tous, celui qui titubera le plus, et je le raccompagnerai jusque chez lui, déçu de ne pas être tombé sur un espion de terrain.

15 avril   Arrivée aux aurores à l'ambassade. Une voiture du service action part en trombe vers le centre de Beyrouth. Je la reconnais à la mâchoire de son passager. À côté de lui, mon gratte-papier dépressif tient le volant, plutôt fringant… Je me suis fait balader toute la soirée ! Antoine m'avait bien dit qu'il avait avec lui des agents sur qui il pouvait compter… D'ailleurs, depuis qu'un membre d'un service étranger a glissé, au cours d'un dîner, qu'il serait dommage que la France perde son chef de la DGSE à Beyrouth, Antoine a droit à une protection rapprochée. Par précaution, deux costauds veillent sur lui en permanence. Il y a quelques jours, après avoir remarqué que sa voiture blindée était suivie, ses hommes ont été obligés de mener une véritable course-poursuite dans les rues de la ville, jusqu'à s'engouffrer dans une cache des services français. Antoine s'y est immédiatement déshabillé. Un des membres du service action, qui l'attendait, a enfilé les vêtements et est ressorti en se faisant passer pour lui. Antoine s'est ensuite dérobé par une porte à l'arrière de la maison… Sain et sauf. C'est ce qui se raconte dans les couloirs de l'ambassade. Mais allez distinguer le vrai du faux avec ces hommes-là !

Rachida, trop sympa

23 avril   Alain Joyandet avait une bonne raison de venir à Beyrouth, où se tenait le sommet de la Francophonie. Rachida Dati, ministre de la Justice, n'en a pas. En revanche, le remaniement ministériel approche et elle souhaite se rendre à Beyrouth avant de quitter ses fonctions. Dans ce genre de situation, le cabinet et les conseillers diplomatiques de l'ambassade doivent « habiller » le projet, c'est-à-dire trouver un motif, un prétexte, une excuse, n'importe quoi pour justifier le déplacement à grands frais d'un ministre de la République. Fort heureusement, quelqu'un s'est souvenu d'un vieil accord de coopération judiciaire, encore jamais signé, entre la France et le Liban. Seul impératif : prévoir une conférence de presse après chaque rencontre, car la ministre souhaite rencontrer les journalistes.

15 h 00 Dès son arrivée à l'aéroport, on sent la ministre contrariée. Le vol en classe affaires, peut-être. Joyandet s'était offert un voyage en jet. Rachida Dati, en voie de disgrâce auprès du président, a dû se contenter d'une ligne régulière. À moins que ce ne soit la liste des questions susceptibles de lui être posées par les journalistes et pour lesquelles nous lui avons fourni les réponses. Car les Libanais aimeraient savoir où se trouve un témoin clef dans l'assassinat de Rafic Hariri, l'ancien Premier ministre tué en 2005, témoin que la France s'était engagée à garder sur son territoire jusqu'au procès et qui vient juste de disparaître. Mais Mme Dati n'est pas là pour ça. Elle est d'ailleurs descendue d'avion avec deux journalistes, jean *slim* et col en « V », dont l'un est chargé par un journal de mode d'un reportage consacré à la ministre la plus *glamour* du gouvernement.

15 h 15 Nous partons, sirènes hurlantes, vers le ministère de la Justice. Le convoi de voitures blindées officielles est entouré de véhicules des Guépards, les forces d'élite libanaises. Pris dans un bouchon, ceux-ci n'hésitent pas à sortir les armes à la main et à faire se ranger sur le côté les conducteurs qui nous précèdent. À l'arrivée, après un court entretien entre les deux ministres homologues, c'est la première conférence de presse, organisée selon les vœux du cabinet. La première question porte sur la raison de la venue de Rachida Dati à Beyrouth. Elle répond, assez logiquement, qu'elle est venue pour la signature de l'accord de coopération, puis, avant de prendre une autre question, ajoute : « ... et puis, je voulais dire que je suis particulièrement ravie de venir au Liban, car je devais le faire de longue date mais... j'ai... été empêchée... car... comment dire... comme vous le savez, j'attendais un heureux événement... qui s'est produit il y a peu... » Une journaliste lève immédiatement la main pour rebondir sur le sujet et lui demande comment se porte sa fille. La ministre feint d'être outrée : ce n'est pas pour ça qu'elle est venue. La conférence de presse tourne court.

17 h 00 Nous nous rendons à l'université Saint-Joseph. Rachida Dati doit y prononcer une allocution sur un sujet qu'elle est censée bien connaître : la justice. Le public, composé de professeurs de droit, d'étudiants et de représentants de l'ambassade de France, est sagement assis pour l'écouter. Le niveau de l'intervention oscille entre une antisèche bâclée extraite de Wikipédia et un « Que sais-je ? » mal digéré. En résumé, la justice, c'est important, et de tout temps les hommes ont eu soif de justice, parce que la justice, c'est bien. C'est sûrement du second degré. Mme la ministre conclut son discours en précisant qu'elle est disponible pour des photos. Ses fans transis forment une file d'attente pour se faire photographier avec « Rachida ». Dehors, les spectateurs venus pour l'allocution ont du mal à cacher leur consternation.

Le soir, un dîner en l'honneur des relations entre les deux pays est organisé par son homologue libanais. Rachida Dati est en retard. Pendant que les convives l'attendent, elle est occupée à désamorcer par téléphone une polémique née en France après une déclaration approximative sur l'Europe, prononcée devant les jeunes de l'UMP la veille de son arrivée à Beyrouth. Ses propos, entrecoupés de rires, n'étaient pas très clairs. L'une de ses phrases – « Et puis elle [l'Europe] s'occupe de ce qu'on lui donne à s'occuper avec les personnes qui peuvent porter ces affaires à s'occuper » – a suscité un mélange de sarcasmes et d'accablement. La classe politique manque sans doute d'humour, comme elle l'expliquera à la presse.

Le ministre libanais attend depuis une bonne heure quand nous arrivons en toute discrétion, précédés par les gyrophares et les sirènes de circonstance. Il porte un toast à l'amitié franco-libanaise en l'honneur de sa consœur. L'usage voudrait qu'elle réponde en portant un toast à son tour, mais on ne la sent pas très motivée, malgré les encouragements de son conseiller diplomatique distillés à haute voix devant tout le monde : « Il faut vraiment que je dise quelque chose ? — Ce serait bien, madame la Ministre... — Je suis obligée ? J'ai pas très envie... » Elle finit pourtant par se lever, remercie le ministre et se lance dans une improvisation : « C'est sympa le Liban, ça fait longtemps que je voulais venir, je suis assise à côté de madame que je ne connais pas, mais nous papotons depuis tout à l'heure comme si on se connaissait depuis toujours, je lui ai montré les photos de ma fille, c'est vraiment sympa ! » Consternation générale. Rachida Dati ne semble même pas savoir qu'elle a pris place à côté d'une députée de l'Assemblée nationale libanaise, qui n'est autre que la femme de l'ancien milicien Samir Geagea, lequel, craignant pour sa vie, laisse son épouse assurer la représentation.

Alors que nous rentrons en convoi jusqu'à la résidence des Pins, les deux journalistes à mèche me demandent si je peux les emmener dans des « clubs sympa ». L'initiation des visiteurs officiels français aux charmes locaux est en effet une mission dévolue au stagiaire de l'ENA en ambassade. Mes camarades de promotion me raconteront les mêmes sollicitations : députés, sénateurs, hauts fonctionnaires, désireux de connaître les nuits moscovites, brésiliennes, chinoises… Malheureusement, je n'ai pas la vocation.

24 avril Signature du fameux accord de coopération,
09 h 00 visite d'un centre pour femmes battues et rencontres – une nouvelle fois de pure courtoisie – avec le président de l'Assemblée nationale, le Premier ministre et le président de la République libanaise. Et voilà, la visite de la ministre touche à sa fin. C'était « vraiment sympa ». Mme la ministre s'est bien amusée. Les deux journalistes ont trouvé Beyrouth « très cool ».

14 h 00 Avant de regagner l'aéroport, Thierry et François ont organisé la dernière conférence de presse. Ils ont convié à la résidence des Pins les correspondants des journaux français à Beyrouth. Parmi eux, des reporters de guerre, certains connus pour avoir été d'anciens otages. Du beau monde. Mais la ministre demande l'organisation préalable d'une conférence de presse avec des journaux « *people* » locaux. Cela ne court pas les rues à Beyrouth. François, avec son entregent, arrive à dénicher la rédactrice en chef de l'équivalent de *Jeune et jolie*. L'interview est calée avant la conférence, dans le bureau de l'ambassadeur, à la Résidence. Après vingt-cinq minutes d'attente, Thierry me prie d'aller secouer la ministre car les journalistes s'impatientent. J'apprends en m'approchant d'elle qu'il est difficile de concilier la vie gouvernementale et les premiers jours de « bébé ». À côté, les correspondants patientent. À l'aéroport, les passagers du vol retour commencent à embarquer. Un regard insistant vers Rachida Dati. Elle fait mine de n'avoir rien vu : « Le problème, c'est qu'il faut arriver à vivre avec toute cette presse *people* qui nous harcèle alors qu'on cherche juste à élever son enfant. » Je finis par intervenir. C'est la première fois que j'interromps un ministre. Je me rassure en me disant que c'est à la mère de famille que je m'adresse.

Rachida Dati peste mais finit par se lever. Nous marchons en direction du salon, cinquante mètres plus loin. Je lui mets devant les yeux les fiches préparées par Thierry, sur lesquelles figure en fluo la fameuse question sur le témoin dans l'affaire Hariri, et lui signale qu'elle sera sûrement posée. Rachida Dati ne me regarde pas et pianote sur son téléphone, indifférente. Nous franchissons le seuil du salon. La ministre s'assoit, dit quelques mots et invite les journalistes à l'interroger. La question tombe immédiatement : où est passé le témoin clef de l'affaire Hariri, présent sur le territoire français, et sera-t-il extradé ? Silence. Rachida Dati tourne les yeux vers ses conseillers, d'abord interrogateurs, puis paniqués, enfin furieux : elle n'a pas la réponse. On dirait un animal pris au piège. Elle improvise alors une réponse laconique, expliquant qu'il faut laisser la justice travailler et... se lève en expliquant qu'elle est en retard pour prendre son avion. Quarante-cinq minutes d'attente pour une conférence de presse qui en a pris deux, ce doit être un record.

15 h 00 M. Moreau, qui attend depuis plusieurs heures la ministre pour la raccompagner à l'aéroport, trépigne d'impatience. L'avion n'attend plus qu'elle pour décoller. Rachida Dati monte dans la voiture, non sans apostropher l'ambassadeur pour se plaindre de la question « piège ». Celui-ci se tourne vers Thierry et lui intime l'ordre de ne plus jamais inviter l'outrecuidante journaliste. Qu'elle ait fait son travail et que la question ait été anticipée ne change rien. L'ambassadeur craint peut-être que cette histoire ne lui retombe dessus, tout comme elle pourrait porter préjudice au stagiaire qui avait tendu la fiche (sans doute trop mollement) – pis encore, à son classement...

15 h 30 Le cortège est au pied de l'avion : ambassadeur, premier et deuxième conseillers, chef du protocole, stagiaire de l'ENA. La chaleur est étouffante.

L'atmosphère aussi. Tout le monde attend. Rachida Dati s'est isolée quelques minutes dans un salon de l'aéroport pour téléphoner. Tout à coup, la ministre sort en trombe, combiné toujours à l'oreille, passe devant nous sans lever les yeux et s'engouffre dans l'avion sans saluer personne.

Silence, on tourne !

Par l'intermédiaire de Béatrice et de François, je rencontre une bonne trentaine de personnalités pour rédiger ma note. Tous deux viennent parfois en renfort et me font profiter de leur expérience. Des responsables politiques, des universitaires, des dignitaires religieux... autant de personnalités qui me permettent de comprendre ce pays en profondeur et que je n'aurais jamais eu l'occasion d'approcher sans mon statut d'élève de l'ENA. Avec l'ambassadeur, que j'accompagne parfois, je croise certaines figures de l'histoire du Liban : Amine Gemayel, le général Aoun... Il s'agit pour SEMA de visites diplomatiques : prendre le pouls, rappeler l'action de la France, informer au retour le Quai d'Orsay.

Saad Hariri Après avoir franchi différents *checkpoints* et avoir pénétré dans un quartier entièrement bouclé pour assurer la protection de Saad, nous arrivons sur le seuil d'une maison hollywoodienne agrémentée de fontaines, renforcée de colonnes et rehaussée de couleurs vives. Nous entrons dans un petit salon comprenant quatre fauteuils. L'un d'eux est occupé par un gigantesque portrait de Rafic. Nous nous asseyons et discutons avec Saad, sous la surveillance énigmatique du père. Il est question des élections législatives, de l'influence de la Syrie, du rôle de la France. J'écoute, j'observe, j'apprends à me rendre invisible, heureux d'assister à un tel entretien. Au bout d'une dizaine de minutes, Saad demande à l'ambassadeur s'il peut s'entretenir d'un sujet confidentiel avec lui. Je me lève, les remercie et m'enferme dans l'antichambre le temps que les secrets d'État soient échangés.

Samir Geagea Pour parvenir jusqu'à Samir Geagea, chef de milice pendant la guerre civile, le niveau de sécurité est optimal. L'homme est réfugié à une trentaine de kilomètres de la ville, dans un bunker isolé dans la montagne. Premier *checkpoint*, deuxième *checkpoint*, et la montagne s'ouvre devant nous : sa résidence est creusée à même la roche. Nous arrivons à quelques mètres du perron. Troisième contrôle, nous descendons de voiture et sommes escortés par des gardes jusqu'à un petit salon. Après quelques minutes d'attente, nous sommes invités à prendre un escalier qui descend au sous-sol et à suivre un couloir nu, gris et éclairé d'une lumière vacillante. Au bout, une porte blindée. Au-dessus d'elle, un néon crépite. L'un des gardes donne plusieurs coups rythmés sur la porte. Elle s'ouvre lourdement. Nous pénétrons dans une bibliothèque. La porte se referme. Il n'y a que nous. Nous nous asseyons en silence. Sur la gauche, les sons étouffés d'un digicode nous font tourner la tête. Une porte s'ouvre. Samir Geagea se tient devant nous, dans un costume clair. Je reconnais son épaisse moustache, son crâne puissant. Sa force et la froide détermination de son regard m'impressionnent. L'ambassadeur se lève et le salue. Je le singe timidement. La présence du leader politique aux yeux glacés et l'absence de fenêtres dans ce sous-sol blindé rendent l'atmosphère pesante. Samir Geagea se sent en danger. Il fait part à l'ambassadeur de ses inquiétudes pour sa sécurité. De longs silences ponctuent ses phrases, il pèse ses mots, puis il se lève pour rejoindre sa bibliothèque, saisit un livre, semble lire un passage, hoche doucement la tête, referme l'ouvrage, se rassoit. Le combattant s'est transformé en ermite, il aime dire qu'il s'est mué en vieux sage philosophe. Il aurait en effet beaucoup lu pendant son séjour en prison. Nous remontons à la surface après une heure d'entretien. Un épais brouillard nous sépare des voitures blindées stationnées juste devant le perron. Les forces du RAID y gravitent en scrutant les alentours, les yeux plissés, une main sur l'oreillette, une autre sur la crosse de leur arme. « On se croirait dans un film d'espionnage, vous ne trouvez pas ? » me lance l'ambassadeur, rieur, en allumant une cigarette.

La femme du ministre

29 avril   Les chauffeurs de l'ambassade s'affairent. Ils doivent remettre en main propre plusieurs centaines de cartons d'invitation pour la fête de ce soir, organisée à la résidence des Pins pour l'équipe de France 24. Christine Ockrent, directrice générale de la société de l'audiovisuel extérieur de la France, et Alain de

Pouzilhac, son président, paradent à Beyrouth depuis vingt-quatre heures pour célébrer l'augmentation de la tranche de diffusion en langue arabe de la chaîne d'information en continu. La chancellerie est mobilisée. Thierry et François courent dans tous les sens. Les ressources diplomatiques sont totalement mobilisées, bien qu'il s'agisse d'une opération de relations publiques pour une société anonyme. Dans les autres pays arabes, des agences de communication se sont occupées d'organiser l'événement, de trouver un lieu adéquat, d'inviter les participants. Pas à Beyrouth. Il y a quelques semaines, SEMA a indiqué en réunion qu'il ne voulait « aucun ennui avec le ministre Kouchner », sous-entendu avec la femme du ministre qui risquait de s'en ouvrir à son époux. Malgré les réticences de l'équipe, tout a été mis en œuvre pour que Christine Ockrent n'envoie pas de texto rageur à son mari. La résidence des Pins a été mise à disposition, les cartons ont été imprimés à l'ambassade, le champagne prélevé sur la cave diplomatique, et nous voilà à jouer les gentils organisateurs.

L'inspection

5 mai
5ᵉ mois Durant le stage, chaque énarque reçoit la visite d'un inspecteur chargé d'apprécier son travail et de le noter : le directeur des stages ou l'un de ses deux adjoints. Pour les stagiaires envoyés à Bruxelles, l'inspection relève de la routine et ne dure qu'une demi-journée. Ceux qui ont été affectés dans un lieu plus exotique sont inspectés plus longue-

ment. La légende veut que l'inspecteur, quel qu'il soit, laisse l'ardoise au stagiaire. C'est ce que m'a appris une énarque de la promotion précédente (en stage dans une région d'outre-mer, elle s'est sentie obligée de lui offrir le survol des îles en avion privé). De là à ce que le classement ait un prix...

Le secrétariat de la direction des stages m'avait d'abord annoncé une visite de quatre jours : deux jours pour rencontrer mes collaborateurs et deux jours pour « d'autres types de visites » – comprendre : des promenades touristiques. L'idée de me balader quarante-huit heures durant aux frais du contribuable me met mal à l'aise. Je cherche une esquive. De son côté, M. Moreau me déconseille de refuser quoi que ce soit. Il insiste sur l'importance de l'inspection : le classement, encore le classement, toujours le classement. Et puis, m'explique-t-il, lorsque l'inspecteur sera retourné en poste, il se souviendra de vous au moment de constituer ses équipes. « Imaginez qu'il aille en cabinet... Acceptez tout, Olivier. Croyez-moi. Acceptez tout. » Je renvoie un message au service des stages en indiquant que je ne serai là que les deux premiers jours mais que je peux utilement fournir un guide illustré sur le Liban pour la suite du séjour de l'inspecteur.

17 h 00 « Alors, comme ça, on me refuse des vacances ? » Je suppose qu'il convient de prendre la phrase de M. l'inspecteur-préfet Cardot au second degré. À en juger par sa pipe et son air décontracté, je suis sûr qu'il a de l'humour.

La grosse berline noire file à toute allure vers Beyrouth, soulevant avec elle des nuages de poussière.

Nous sommes allés chercher l'inspecteur à la frontière syrienne avec deux gardes du corps. M. Cardot venait en effet de terminer l'inspection à Damas de l'un de mes camarades de promotion.

Nous sommes assis côte à côte à l'arrière du véhicule. Je lui remets une enveloppe d'« argent de poche » dans laquelle j'ai placé l'équivalent de 200 euros en livres libanaises pour ses dépenses quotidiennes, en précisant qu'il me les remboursera le jour de son départ. M. l'inspecteur apprécie l'initiative. D'habitude, lors de ses inspections, n'ayant pas d'argent local, il est obligé d'accepter les invitations des stagiaires, ce qu'il trouve déplaisant. Le préfet ne serait donc pas l'avare dilettante que certains se plaisent à décrire ? Je lui rapporte le portrait que la légende brosse de lui. Il s'en étonne et sourit malicieusement.

21 h 00 M. Cardot ne peut pas vraiment compter sur son camarade de promotion, M. l'ambassadeur, pour se faire une idée de la situation du Liban. Le soir, alors que nous dînons tous les trois, les deux camarades parlent souvenirs de scolarité et réforme du classement de sortie, comme pour m'avertir que nos parcours sont indélébiles. Nous sortons de table vers minuit.

01 h 00 De retour au bureau, je travaille à une note détaillée sur mes activités libanaises pour préparer le rendez-vous du matin entre l'ambassadeur et l'inspecteur. Elle doit permettre au premier de répondre aux questions que le second lui posera à mon sujet, car SEMA n'a, je le sais, qu'une idée très superficielle de ce que j'ai pu faire durant mon séjour.

6 mai   Je suis dans les jardins de la Résidence, en
7 h 00   tenue de sport. Nous sommes convenus
avec l'inspecteur, qui y est hébergé, de faire un footing avant la réunion au sommet. Nous partons en
petites foulées le long des murs de l'enceinte. Après
la douche, je me rends le premier à la chancellerie.
Je remets à SEMA la synthèse de mes missions, mais
Son Excellence regarde la télévision et ne semble pas
disposée à se concentrer sur autre chose. Je sors un
instant, rencontre l'inspecteur et le ralentis comme
je peux.

09 h 00   Entrée de l'inspecteur.

09 h 07   Sortie de l'inspecteur. « Je ne comprends
pas. L'ambassadeur m'a dit beaucoup de bien de
vous, mais quand j'ai voulu creuser, il m'a semblé
n'avoir aucune idée de ce que vous aviez fait ici. »
Je lui décris alors mon quotidien. Je sens qu'il partage ma lassitude.

En partant, après m'avoir remboursé l'argent de
poche que je lui avais prêté, il cherche des yeux,
parmi ses bagages, sa massue à clous, un souvenir de
son passage en Syrie, qui lui donnait fière allure
lorsqu'il arpentait les couloirs de la Résidence, l'autre
main agrippée à son attaché-case. Puis il se rappelle
que nous avons décidé de la rapatrier discrètement.
Il me lance alors inquiet : « Vous n'oublierez pas
de me ramener mon gourdin en cuir, n'est-ce pas ?
— C'est promis, monsieur le préfet. »

Très chère Clara

Il est d'usage que la chancellerie accélère la délivrance des visas lorsqu'ils sont réclamés par des interlocuteurs importants pour les échanges diplomatiques. Un passe-droit justifié quand il permet de fluidifier les relations bilatérales, dommageable pour l'image de la France en cas d'abus. Le problème a été soulevé lors d'une réunion de travail sur les visas, et le triumvirat a décidé de rappeler aux agents que les interventions devaient être limitées au strict intérêt du service : chaque demande serait désormais soumise à l'approbation de M. Moreau avant transmission au consulat.

7 mai Ce matin-là, Béatrice me transfère le courriel d'un certain Cédric, qui demande à ce que soit accéléré le traitement de la demande de visa d'une certaine Clara, vraisemblablement sa compagne. J'indique à Béatrice qu'il faut le transférer à M. Moreau si elle pense, eu égard au demandeur, qu'il est nécessaire de passer par une procédure extraordinaire. Elle me répond que ce n'est pas le cas. J'efface donc le courriel et lui laisse le soin de répondre.

8 mai Sophie, l'une des assistantes de la chancellerie, m'appelle : elle est en ligne avec « Cédric » qui exige que le visa de « Clara » soit délivré dans les plus brefs délais. Comme elle ne sait que répondre, je l'invite à rappeler que tout se traite par courriel. Cinq minutes plus tard, elle me transfère la demande qu'elle vient de recevoir : la même qu'hier, plus insistante encore. Je finis donc par répondre moi-même qu'on ne peut rien faire, que la procédure traditionnelle fonctionne bien et qu'il aura le visa de Clara dans quelques jours.

Mal m'en a pris. Thierry passe sa tête par le canal diplomatique, le teint blême : « Je viens d'avoir Cédric au téléphone, il est furax ! » Je lui décrit la situation et surtout que je ne sais pas qui est ce fameux Cédric. « Mais enfin, tu n'as pas reconnu son nom ? » Non. « C'est le fils d'un ambassadeur. » Et donc ? « Si on ne l'aide pas à avoir les visas pour ses amis, il va se plaindre à son père. » Mon téléphone sonne. C'est Ludovic : je suis convoqué dans le bureau de M. Moreau. Les nouvelles vont vite. Je monte les marches de l'escalier trois par trois. Le premier conseiller m'accueille avec un grand sourire : « Vous avez encore fait des vôtres, monsieur le stagiaire de l'ENA ! » Je me défends comme je peux, expliquant que personne ne m'avait dit qui était ce Cédric et que, quand bien même je l'aurais su, je ne voyais pas trop comment expliquer aux Libanais qu'ils devaient suivre une procédure longue de délivrance de visa, quand le simple fait de connaître un fils d'ambassadeur français permettait de le recevoir chez soi en quelques heures... « Je vous couvre, Olivier, je vous couvre. Il a essayé d'appeler l'ambassadeur mais c'est moi qui ai pris l'appel. »

Week-end en Israël

Ascension   Les mesquineries, les coups bas, les jeux diplomatiques pervers m'usent et m'abusent. J'ai besoin de souffler, de changer de décor, de logique, de réflexes. Je m'envole le jour même pour Tel-Aviv via Amman. Là-bas, de vieux amis m'invitent pour une cure de bonne humeur. Trois jours de baignades, de rires, d'insouciance.

Les choses se compliquent à mon retour. L'officier israélien à l'aéroport Ben-Gourion me demande de le suivre après avoir étudié mon passeport. J'ai demandé en arrivant à ce que le visa soit apposé sur un papier volant : impossible de rentrer au Liban avec un passeport affichant un tampon israélien. Les deux pays sont officiellement en guerre. L'officier me conduit dans une salle d'interrogatoire totalement close, avec en son centre une table et deux chaises. Il prend place en face de moi et commence à me poser des questions. Il me demande chez qui j'ai dormi à Tel-Aviv, la liste des bars que nous avons écumés, comment je suis venu à l'aéroport, pourquoi mes amis ne m'ont pas accompagné au lieu de me laisser prendre le métro tout seul... Mon sac est passé au détecteur de poudre ; tous les clichés de mon appareil photo sont examinés. Mais il y a un problème avec le détecteur de métal. Il ne m'aime pas. Il soupçonne mon entrejambe et sonne quand l'officier le place à côté de mon caleçon. Un autre policier se fait expliquer la situation. Nous nous regardons. Ils secouent l'engin et l'approche à nouveau de la zone critique. Affolement. Ils me font signe. Je baisse mon caleçon. Ça hurle. Je leur dis que je suis énarque. Mais la blague ne prend pas.

Enfin libre, je me retrouve en salle d'embarquement. Mon voisin parle français au téléphone. Je discute avec lui. Le hasard m'a placé à côté d'un ambassadeur à la retraite mais à la renommée encore active. Ravi de cette rencontre confraternelle, l'homme me parle du classement de sortie et m'invite à rejoindre le Quai d'Orsay à la sortie de l'École. C'est une maison qu'il connaît bien. Il est vrai que sa carrière, ses frasques, ses lubies ont nourri la légende du ministère. En fonction au Proche-Orient dans un pays en guerre, il s'était permis d'inviter un grand pianiste japonais avec son piano à queue pour un concert privé à la Résidence, avait exigé des diplomates de son ambassade qu'ils dénombrent les arbres du parc de sa demeure le soir de la Saint-Sylvestre, et avait rédigé une note, publiée dans le *Canard enchaîné*, dans laquelle il demandait à l'ensemble des agents de la mission diplomatique de traiter la biche qu'il avait adoptée comme un membre de l'équipe à part entière... Je le laisse passer devant moi à l'embarquement et le regarde, incarnation de la fabrique aveugle du pouvoir, occuper souverainement l'espace de la classe affaires, où nous nous séparons.

À mon arrivée à Beyrouth, après une escale en Jordanie, je ne peux m'empêcher de ressentir une légère pointe de stress. Les agents jordaniens, bienveillants, ont vidé mes poches et débarrassé le dessus de ma valise de tous les signes de mon passage en Israël. Toutefois, je repense à l'intermède douanier de Tel-Aviv. Je me demande si ce n'est pas ma supposée tête d'Arabe qui m'a joué un tour. Ici, à l'inverse, ne va-t-on pas me trouver une tête d'Israélien ? Quand je précise que je suis en poste à l'ambassade de France, le visage du policier qui examine mon passeport s'éclaire d'un coup : « Si tu travailles à l'ambassade, tu connais sûrement quelqu'un du service des visas. Parce que le service des visas, entre nous... Enfin, bienvenue au Liban, mon ami. »

Shakespeare au quotidien

27 mai Il est temps de mettre un point final à ma
17 h 00 note sur les chrétiens du Liban. La question est éminemment politique. Et dans un pays comme le Liban, où tout peut arriver à n'importe quel moment, où la moindre initiative de l'ambassade de France suscite une foule de réactions contradictoires, le fait de demander à un simple stagiaire de rédiger une note n'est pas sans susciter quelques fantasmes de conspiration. Je revois Thierry me raconter, heureusement hilare, qu'il avait entendu dire de source libanaise sûre qu'un envoyé spécial de Nicolas Sarkozy était justement en mission pour s'intéresser à la communauté chrétienne... De là à me regarder de travers, il n'y a qu'un pas. D'autant qu'il est prévu que je rentre en France le jour même des législatives. Pour mes interlocuteurs libanais, cette date ne peut pas avoir été choisie au hasard. Les coïncidences n'existent pas en politique. C'est nécessairement que je sais quelque chose sur les troubles probables de l'après-élection. Quelque chose d'explosif...

Mais il se trouve que je n'appartiens à aucun complot et qu'un avis critique sur ce travail serait plutôt bienvenu. Celui de Béatrice en particulier, qui a l'habitude de ces sujets, et qui aurait apprécié qu'on ne fasse pas comme si elle n'existait pas. Si son avis m'intéresse, ce n'est pas parce qu'il m'a été recommandé de ne pas le lui demander, mais parce que, viscéralement, je refuse de croire qu'un novice puisse se contenter de sa propre « expertise », aussi énarque soit-il.

29 mai
9 h 30   Béatrice entre dans mon bureau en cachant mal son irritation. Comme un écolier qui recevrait la démonstration de son impéritie, je récupère une note couverte de rouge, surchargée en marge d'observations cinglantes, ponctuée de points d'exclamation, balafrée de traits rageurs. C'est mauvais, très mauvais. Je suis resté à la surface des choses, tout est à reprendre. C'est fâcheux.

30 mai
12 h 00   Le lendemain, alors que Thierry m'a gentiment invité à aller à la plage avec quelques-uns de ses amis, je lui demande de me rendre un service : lire ma note et me dire si la situation est si catastrophique que ça. Il me l'arrache des mains, joueur, s'allonge voluptueusement sur sa serviette, protège ses yeux du soleil et clame : « À Son Excellence M. le ministre des Affaires étrangères. » J'entraîne les rieurs jusqu'à la mer. Au bout d'une demi-heure, il nous cherche des yeux, je lui fais signe, il opine du chef et me rassure d'un froncement de lèvres. Je prends une respiration et descends lentement sous l'eau claire.

1er juin
6e mois
10 h 00   Le premier conseiller veut me voir pour me parler de mon travail. Il m'accueille avec un grand sourire. Tout va bien, l'énarque n'a pas démérité. Pour lui, la lecture de Béatrice, dont il a eu vent, révèle une chose : elle ne comprend rien. Ces deux-là ne s'entendront jamais.

11 h 00 L'ambassadeur me reçoit à son tour. Lui aussi a apprécié le travail. Sans nommer Béatrice, je lui avoue avoir eu des retours contrastés. « Vous savez, Olivier, il faudrait une cellule psychologique du Quai d'Orsay dans cette ambassade. Nous sommes plus dans un asile d'aliénés ou une halte-garderie que dans une mission diplomatique... » Mince, le patron est au courant !

Au rapport !

2 juin Il me reste un dernier travail à accomplir avant de rentrer en France : rédiger mon rapport de stage. Je relis avec attention la note explicative que le directeur des stages nous a remise avant notre départ. Elle est très claire : le stagiaire est censé porter un « regard personnel » sur son expérience et ne pas se contenter de produire un simple « document administratif ». Il nous est donc demandé de raconter ce que nous avons vu, de témoigner de notre ressenti, de faire part de notre étonnement et de partager notre expérience. Il ne s'agit pas de se borner à décrire la structure et le fonctionnement de l'ambassade (sans réel intérêt) ou de se limiter à une énumération des activités quotidiennes (l'inspection a déjà servi à contrôler mon travail).

Pour m'en inspirer, je lis quelques rapports conservés dans les archives de l'ambassade. Par leur neutralité et leur platitude, ils frisent l'indiscipline. Je décide donc de jouer le jeu et de respecter le règlement à la lettre, de livrer mes *réflexions d'apprenti*

haut fonctionnaire, sans rien cacher ni de mes éton-
nements ni de mes frustrations. Après tout, l'École
est là pour m'accompagner dans la découverte de la
vie administrative.

J'ouvre mon rapport par le dicton maison : « À
l'entrée, il faudrait remplacer le panneau "Ambassade de France" par celui d'"Hôpital psychiatrique
de France" ou de "Jardin d'enfants de France". »
Cela peut sembler une vaine provocation, mais, dans
ce chaos des relations humaines, il m'est aussi arrivé
de me demander si ce n'était pas moi qui déraillais
et si je n'avais pas perdu le contact avec la réalité.

La consigne est claire : cinq pages maximum,
Times 12, interligne simple, marges de 2 cm. C'est
court ; cela ne devrait pas poser de grosses difficultés.
Je passe pourtant des heures à chercher mes mots,
que je souhaite précis et justes. Je sais que mes collègues vont lire mon rapport et que l'ambassadeur le
visera. Je ne veux pas avoir l'air de régler mes comptes
ou de dénoncer des écarts de conduite, je ne cherche
pas non plus à jouer les redresseurs de torts ou à me
mettre en valeur. Je veux simplement raconter ce qui
a résonné en moi, fonctionnaire en formation, dans
cette étrange maison :

> Ma première impression a été celle d'un accueil
> globalement chaleureux mais très divers selon les
> interlocuteurs. Tout se passait comme si le sigle
> « ENA » suscitait chez les uns la sensation d'être partie
> intégrante d'une même famille, chez d'autres au
> contraire une réaction épidermique de colère et/ou de
> méfiance, ou dans d'autres cas invitait à un accueil
> prudent. [...] Stress postconflit, méthodes de mana-
> gement ou affectations d'agents aux personnalités

incompatibles, le malaise ressenti ici et là durant mon stage est sûrement issu de ce cocktail. [...] Mon stage à Beyrouth a été très instructif, même si les tensions quotidiennes internes ont été nombreuses – alors même que le climat sécuritaire est resté très calme. Je retiens que le management des services et des hommes est une composante essentielle de l'action des postes à l'étranger – et sûrement l'une des plus difficiles. Le recrutement au sein de l'École n'étant pas particulièrement lié à des compétences de gestion, j'espère pouvoir les développer durant la scolarité.

Avant de soumettre mon rapport à l'ambassadeur, je demande aux collègues avec qui j'ai le plus travaillé, c'est-à-dire ceux de la chancellerie diplomatique, de le relire pour m'assurer que ce que j'ai écrit n'est pas l'unique fruit de mon imagination, qu'il s'agit bien d'une analyse du quotidien que nous avons partagé. Adalia et Thierry sont en tout point d'accord avec mes conclusions et espèrent que le fait qu'elles soient enfin écrites fera avancer les choses. Béatrice me déclare fou : je ne peux pas écrire ça, je cours au suicide professionnel. Antoine me prend dans ses bras. François me met en garde : jamais un stagiaire beyrouthin n'a écrit un rapport aussi franc ; cela me sera reproché. Quant à M. Moreau, c'est bien simple, il jubile en tournant les pages : « Je savais que je pouvais compter sur vous pour ne pas faire semblant au moment de conclure. » Il ne reste plus qu'à le montrer à l'ambassadeur. Quoi qu'il en soit, je n'aurai pas le temps de le réécrire : je pars dans deux jours.

Plus on est de fous...

4 juin   Nous sommes une cinquantaine éparpillés entre les bananiers de l'immense terrasse de Thierry, notre hôte. La nuit est douce. Elle serait chaude s'il n'y avait ce vent venu d'Orient. L'ambiance est légère, joyeuse. Le ciel, peu éclairé par la ville, nous révèle ses étoiles. Mon départ de l'ambassade est pour demain. Mes collègues me font la joie de m'entourer une dernière fois. La consule s'est fait porter pâle, et, parmi les diplomates, Son Excellence n'a pas semblé sensible à l'idée de côtoyer ses agents... en ma compagnie.

J'y repense. Avant-hier, SEMA avait eu la gentillesse d'organiser un déjeuner pour mon départ à la Résidence, et à sa demande, je lui avais remis une liste d'invités. Mais il l'avait réduite discrètement de trois noms, au motif que ces personnes l'irritaient. Au repas, il avait été question de la rumeur selon laquelle Madame souhaitait bannir les oiseaux des jardins de la Résidence au motif qu'ils piaillaient trop fort, et des élections européennes qui devaient se dérouler en France. L'ambassadeur avait lâché désabusé qu'il était inutile d'aller voter, que tous les candidats se valaient, qu'il n'y en avait pas un pour rattraper l'autre. Selon lui, ils n'avaient pas d'idées, pas de projets. Je lui avais demandé si les énarques qui occupaient les cabinets ministériels, parfois aussitôt leur formation terminée, sans avoir toujours l'engagement personnel et les compétences requis, n'y étaient pas pour quelque chose. « Vous parlez pour vous ? — Ah non, moi, je débute. J'espère ne pas en arriver là. » L'ambiance s'était brusquement tendue. Les nez avaient plongé dans les assiettes et le repas avait tourné court. Au moment de nous séparer, mon ami l'intendant de la Résidence s'était penché vers moi pour me demander si j'avais trois noms d'invités supplémentaires à lui communiquer. Comme je n'avais pas compris le bien-fondé de sa question, il avait précisé : « Officiellement, vous n'étiez pas douze mais quinze. » Ce n'était en fait qu'une histoire de note de frais, à laquelle je refusais d'être associé... « Tu sais, ils font tous la même chose », avait-il conclu en tournant les talons et en haussant les épaules...

J'aimerais penser à autre chose. La ville semble s'être endormie. Je me penche par-dessus la balustrade et je regarde les rues apaisées, les ombres, les pierres, qui toutes parlent d'éternité. Je serai à Paris demain, enfin. À Strasbourg, après-demain.

This is the end, my friend

5 juin Il ne me reste que quelques heures à passer à Beyrouth. Hier, j'ai donné mon rapport à l'ambassadeur et j'attends de le voir pour en discuter. Il me reçoit en toute décontraction, fidèle à ses habitudes, tranquillement installé dans le canapé de son bureau. Les cinq pages sont devant lui. Certains passages sont annotés, d'autres soulignés. Sans élever la voix, il me signifie son désaccord : « Vous comprenez bien que je ne peux pas vous laisser écrire ça. »

En fait, le règlement de l'ENA ne l'oblige pas à accepter les conclusions de mon rapport. En revanche, il l'oblige à le signer. Je lui indique que j'ai pesé chacun de mes mots, que les diplomates qui les ont lus partagent mes analyses et que je n'aurais aucun intérêt, puisqu'il me note, à écrire cela si ce n'était pas vrai. Après tout, j'ai été payé par l'État français pour venir l'observer dans le cadre de ma formation. Écrire ce que j'ai vu, c'est tout simplement faire mon travail. Je le sens légèrement déstabilisé, comme si j'avais ébréché sa cuirasse, rembourrée de nonchalance et d'apparente indifférence à ce qui l'entoure : « Je comprends... Mais vous savez, Olivier, jamais à l'ENA ni après je n'ai été formé pour un tel job. D'après vous, comment pourrais-je m'améliorer ? »

Je garde le silence. Cet aveu d'impuissance l'a lui-même surpris. « Je ne suis que le stagiaire, monsieur l'ambassadeur. C'est à vous de m'expliquer comment je peux m'améliorer. » Ses yeux papillonnent. Il n'y a donc rien à attendre d'un ambassadeur passé par les bancs de l'ENA ? Lui n'y a rien appris, il ne peut rien me transmettre, rien en tout cas sur le gouvernement des hommes. L'ambassadeur signe mon rapport et me raccompagne jusqu'à la porte qu'il referme lentement après m'avoir souhaité bonne chance pour la soutenance devant la commission des stages, à Strasbourg. Et « qui sait, on se reverra peut-être, *Inch'Allah* » !

III

LE CONFLIT INTÉRIEUR

L'angoisse du trublion

8 juin Tout est allé très vite. J'ai atterri samedi à
6e mois Paris, j'y ai pris aussitôt le train pour Lyon,
où vit ma famille ; le lendemain, j'ai voté : c'étaient
les élections européennes ; le soir, je suis reparti pour
Paris, j'y ai suivi les élections législatives libanaises ;
lundi matin, le train pour Strasbourg. Nous sommes
mardi et l'ENA a organisé une matinée de retrou-
vailles pour nous permettre, par petits groupes, de
partager notre vécu. Chacun y va de son anecdote
sur la façon dont il a sauvé qui un ambassadeur de
France, qui un commissaire européen. De véritables
joutes verbales, une surenchère d'expériences invrai-
semblables et d'émotions intenses. En public. Car,
en privé, beaucoup disent s'être ennuyés ou sentis
inutiles – voire humiliés, comme cette élève dont
l'inspecteur avait tenté d'obtenir la faveur d'un mas-
sage des pieds. L'occultation est l'une des clefs de la
scolarité.

10 h 30 À la pause, je vais m'asseoir sur la terrasse de l'École pour profiter du soleil alsacien. Les souvenirs m'assaillent, l'odeur de Beyrouth, la chaleur, les bruits, les visages. Quand une conversation perturbe ma rêverie. Derrière moi, Marianne, la médaillée vosgienne, confie à une camarade : « Ce stage était génial : j'ai réussi à mettre pas mal d'argent de côté. La prime de logement était énorme dans mon pays d'affectation et vu que je n'avais pas signalé que mon fiancé y était lui-même logé par son employeur... j'ai pu économiser ! » Le fiancé des grands corps et la future « bottée » ont donc coulé des jours heureux et mis un peu d'argent public de côté pour leurs vieux jours. Si elle parvient à entrer à l'Inspection générale des finances, sans doute se montrera-t-elle moins laxiste.

12 h 00 Pour le déjeuner, je propose à Éric, un ancien banquier d'une trentaine d'années, drôle par ailleurs, de déjeuner avec moi. Nous nous retrouvons au restaurant japonais sur les quais, juste à côté de l'École. Comme nous abordons la question des notes de synthèse ministérielles qu'on nous oblige à rédiger, au risque de nous transformer en austères gratte-papier, je suggère que nous nous changions les idées en écrivant un scénario à deux mains. Malheureusement, à vingt mois de la sortie, Éric a d'autres chats à fouetter. Il manque de temps, ses enfants sont à Paris et son temps libre, il le consacre exclusivement à préparer les épreuves de classement : « Je risque de louper les grands corps si je fais autre chose. Et si cela devait arriver, ce serait un suicide social. Je n'oserais même plus sortir de chez moi ! » L'angoisse étant communicative, j'éprouve soudain une gêne à ne pas avoir déjà terminé mon assiette.

En observation

8-12 juin Depuis le mois de janvier, qui a vu la constitution du groupe de l'épreuve « Thème d'observation », nous n'avons pas vraiment travaillé sur le sujet. Nous nous sommes juste imprégnés de la thématique durant nos stages respectifs, en parcourant des rapports types, consultables sur les sites Internet officiels. Puisqu'il s'agit de rédiger un texte européen, calqué sur le modèle des textes officiels de l'Union européenne, notre tuteur nous a conseillé une stratégie de révision efficace : apprendre par cœur une flopée de règlements, directives, décisions de la Commission, avis du Parlement européen et autres recommandations. Non pour en recracher le contenu à l'identique mais pour nous imprégner du style, des expressions et des tournures de phrase qui leur sont propres : « Pour réussir l'épreuve, inutile de réfléchir, vous devez connaître le format et le remplir avec les mots clefs adéquats », nous explique l'intervenant. Chacun d'entre nous a ainsi son texte de prédilection : l'un est devenu spécialiste des avis du Parlement, un autre connaît dans les moindres détails la sémantique caractéristique des directives, un troisième pourrait réciter de mémoire une quantité impressionnante de règlements. De mon côté, je dois apprendre par cœur le format des résolutions du Parlement européen. La plupart de ces textes sont des pensums d'une technicité et d'une aridité intolérables, mais cela ne nous arrête pas.

Nous nous préparons donc à l'enfermement de huit heures trente exigé par l'épreuve, à l'interdiction de recourir au moindre document et à l'impossibilité de nous dégourdir les jambes. Chacun travaillera pour le groupe, tout en cherchant à prouver à ses membres qu'il maîtrise parfaitement son sujet. Il nous faut entrer dans l'arène en imaginant une conspiration des ego, vaine, dérisoire, mais pour certains décisive. Efficacité, concentration, mémorisation, abnégation et compétition seront les maîtres mots le jour venu. Nous serons notés sur notre capacité à imiter des textes déjà existants et à singer leur formulation. L'erreur serait de faire preuve de créativité. La sanction serait immédiate.

Être formé pour exercer de hautes responsabilités, ce serait donc apprendre à réciter une prose bureaucratique comme un élève de primaire un poème. J'éprouve viscéralement le sentiment, redoutable à ce niveau de compétition, de revivre, vingt-cinq ans après, mes années de petite école. Et ce n'est pas seulement parce que le plus jeune de mes camarades, pressenti depuis le premier jour pour être le major de la promotion et qui rejoindra en effet le Conseil d'État, m'appelle « Olivier Sa-bite » chaque fois qu'il me croise... Juste après Beyrouth, cette semaine de remise en route, empreinte de régression, a développé chez moi un phénomène de ressassement : comment accepter qu'une formation aussi prestigieuse, aussi influente, fasse preuve d'une telle indigence ?

Cohérence pédagogique

15-19 juin En ligne de mire : le classement, le classement, le classement. Le mot résonne dans notre tête comme un bourdon de cathédrale. Je participe donc avec mes camarades aux sessions d'entraînement pour les épreuves *individuelles*. La plupart du temps, nous sommes évalués sur des notes de synthèse : à partir d'une centaine de pages de textes administratifs divers mêlant lois et règlements, nous devons rédiger des notes à l'intention d'un ministre imaginaire. Même si lesdites sessions sont facultatives, la majorité des élèves y participent pour augmenter leurs chances de réussite aux épreuves. Nous disposons de six heures pour mener à bien cet exercice. Mais les consignes sont floues : *quid* notamment de la taille de la synthèse ? L'examinateur nous demande de faire court car le temps d'un ministre est compté : deux pages lui semblent constituer la longueur idéale.

20 juin Les copies corrigées ont été redistribuées : il suffit d'aller les chercher dans notre casier. Nous nous y rendons en troupeau, et découvrons qu'elles sont accompagnées d'une photocopie du devoir le mieux noté, lequel présente la particularité de compter dix-sept pages. Incompréhensible. Pour y voir clair, je reprends rendez-vous avec l'impayable M. Jo, notre directeur des études, et lui avoue ma surprise : « Mais ouiii, monsieur Saaaby, c'est très étraaange. » Et comme ma copie ne comporte aucune correction manuscrite, aucune indication qui m'aiderait à corriger mes erreurs et à m'améliorer en vue du prochain examen blanc, je me permets d'ajouter de l'étonnement à la surprise. M. Jo n'a pas de réponse : « Vous saaavez, mon rôôôle se booorne juste à la coordinaaation des équiiipes. » Si bien qu'il convoque Véronique, un agent scrupuleux du service, qui surgit aussitôt. D'après elle, le problème vient de ce que l'examinateur habituel n'était pas libre, qu'il a été remplacé au pied levé. « Mais vous pouvez me croiiire, conclut le directeur de la scolarité, nous ne ferons plus jamais appel à luiii. — Certes, mais encore une fois, il suffirait que l'examinateur rapatrié de Paris en première classe (délocalisation oblige) soit mis au courant des consignes du correcteur. — Mais ouiii, c'est embêêêtant, reconnaît le directeur, toujours prêt à abonder dans mon sens. Je vous assuuure que je vais y remédiiier avec mes équipes, cela ne se reproduiiira plus. Nous ne prendrons que des spécialiiistes sur chaque suuujet. »

23 juin Récidive. Un expert des financements européens nous dispense un cours sur la gestion préfectorale des *rave-party*. J'envoie un courriel à M. Jo pour le lui signaler. J'obtiens ses plus vifs remerciements avec un chaleureux : « À bientôt pour en parler », resté lettre morte.

Leçon de suivisme

25 juin La rumeur gronde : il paraît que les autres groupes d'Action de communication sont plus avancés que nous, qu'ils ont déjà organisé de très nombreuses réunions, qu'ils auront sans doute une meilleure note... Branle-bas de combat. Nous sollicitons notre tutrice, la pétulante Patricia : « Écrivez que vous allez acheter des encarts publicitaires dans la presse magazine ! Les femmes adorent les magazines. Les publicités les sensibiliseront à l'Europe. Et puis, pourquoi ne diffuseriez-vous pas des spots sur une chaîne télé, avec un slogan du type "L'Europe, pour nous les femmes" ? »

Sceptique, je propose d'autres pistes : « Pourquoi pas un parrainage ? Chaque députée européenne parrainerait une élève d'une classe de primaire et l'inviterait au Parlement de Strasbourg. Toute son école serait sensibilisée, et au-delà lorsque la presse locale publierait un portrait. Ou alors, pourquoi ne pas détourner la chanson du groupe L5 *Toutes les femmes de ta vie* en *Toutes les femmes européennes de ta vie* et demander à des ados de l'interpréter lors d'un concert gratuit, auquel participeraient des chanteuses à la mode ? Nous ferions sans doute parler de notre initiative et lancerions le débat ! » L'une des filles de notre groupe, Sandra, une ancienne prof de philo de l'Éducation nationale, trouve ça complètement idiot : « Non, non, nous allons faire toute une partie sur l'achat de publicité dans les magazines. Je sais que tu n'es pas d'accord, mais c'est l'idée de la prof et c'est elle qui note. Donc, on met tout ce qu'elle aime dans le document. Et puis, j'ai lu une synthèse sur l'achat des encarts publicitaires, donc je connais très bien le sujet maintenant. » Vingt-cinq pour cent des internes sont d'anciens profs, et la plupart d'entre eux sont philosophes. Il faut l'être pour affronter certaines situations. Rodolphe nous le répète assez.

Photo-souvenir

29 juin Il fait déjà chaud dans le grand amphi-
11 h 00 théâtre. Robert Badinter nous gratifie d'un
discours dans lequel il revient sur la définition du
parrainage, sur son rôle d'accompagnateur. Le séna-
teur répond ensuite aux questions que ses ouailles
lui ont envoyées quelques jours plus tôt. Il y a
comme une pointe de lassitude dans sa voix : dans
l'ensemble, les questions étaient plutôt techniques,
excellence oblige. Il n'y a pas vraiment d'échange
entre nous. Il part ensuite discuter avec la direction
de l'École. Une séance photo aura lieu dans l'après-
midi. Il lui faut donc attendre encore un peu pour
rejoindre Paris.

Nous nous dirigeons, quelques camarades et moi,
vers une boutique de location de costumes à cent
cinquante mètres de l'ENA. À notre arrivée à Strasbourg, le directeur Sérizy nous avait priés de nous
intégrer à la ville et à sa population. Cette photo de
famille est l'occasion rêvée : nous allons porter haut
le costume alsacien – gilet rouge pour les hommes,
robe rouge bordée d'un ruban noir avec un corselet
montant et une haute coiffe à nœud noir pour les
femmes. Cela changera de ces tristes costumes cravates affichés dans les couloirs de l'École. Nous en
avons eu l'idée à plusieurs, quelques jours plus tôt,
à la cafétéria. Les réactions ont été plutôt tièdes :
« Vous êtes complètement fous ! Ce serait très mauvais pour vos carrières ! Si quelqu'un ressort cette
photo le jour où l'on pensera à vous pour un ministère, vous serez grillés… » Nous sommes cependant
huit compères, inconscients, masochistes ou tout

simplement un peu moins suiveurs que la moyenne à faire équipe. Nous nous changeons à l'arrière de la boutique, et nous baladons dans le quartier : les touristes nous accaparent.

À l'heure prévue, nous entrons par le grand portail de l'ENA. L'estrade est dressée au fond de la cour où les costumes et les tailleurs gris poivre sont déjà en place, sous un soleil brûlant. Entre eux, en première ligne, le siège de Badinter, qui, même vide, semble exercer sur certains membres du groupe une étrange force d'attraction. Nous nous plaçons au bas de l'escalier de la direction pour assurer la haie d'honneur. Le directeur ouvre la porte de son bureau et nous aperçoit. Il hésite, voudrait la refermer, marque un temps d'arrêt, ses yeux nous disent son étonnement, son incompréhension, son indécision. Il sort malgré tout avec le grand homme, s'apprête décomposé à nous faire des remontrances... quand celui-ci se tourne vers lui pour le féliciter : « Quelle excellente idée, vraiment, de poser en tenue d'Alsacien ! — Merci, monsieur le Ministre ! »

Robert Badinter s'assoit sur sa chaise. Mes camarades, en nage après une demi-heure d'attente sous le soleil, mettent leurs dernières forces pour l'entourer d'un large sourire. Nous faisons, quant à nous, avec ce qu'il reste d'extrémités à occuper. Le photographe nous demande de serrer les rangs et de figer notre joie. « Classement de sortiiie » sur toutes les lèvres. Nous y sommes. Brusquement, Robert Badinter se retourne : « Mais où sont les Alsaciens ? Je veux qu'ils soient derrière moi sur la photo ! » *Exit* les premiers arrivés. Et nous de jouer des coudes : « Pardon, pardon ! » pour atterrir derrière le maître, frais comme des gardons. Les premiers arrivés se retrouvent sur les côtés. Autour de nous, on ne transpire plus, on se liquéfie, on étouffe, on se décompose.

Une fois le cliché réalisé, le directeur nous rejoint et nous demande comment nous nous sommes débrouillés pour dénicher ces costumes... Je brûle de lui dire qu'il suffit de marcher dans les environs pour le savoir. Nous optons donc, par diplomatie, pour une réponse plus courtoise : nous les avons cousus nous-mêmes. Avant la dispersion, un costume cravate me dit qu'il aurait dû participer, celui-là même qui, quelques jours plus tôt, nous vouait aux gémonies et nous prédisait un avenir professionnel catastrophique. Un autre endimanché, sans doute frappé de mémoire sélective, nous reproche de ne pas lui avoir proposé de participer à la mascarade.

Le lendemain, nous sommes dans les pages « Opinions » du quotidien local *Dernières Nouvelles d'Alsace*. C'est la gloire, ou presque... J'entends un élève, qui craignait lui aussi pour sa réputation, expliquer *a posteriori* que nous avions organisé tout cela, en fins stratèges, pour notre publicité personnelle ; et une « camarade » furieuse nous reprocher avec colère : « À cause de vous et de votre idée stupide, je ne vais pas pouvoir montrer la photo de promo à ma grand-mère. » Nous avions donc dégradé l'image de l'École la plus prestigieuse de France, à moins que l'offense véritable n'ait été de prendre si bien la lumière.

Les rabat-joie

Le jour où je suis passé devant la commission des stages, juste après avoir été reçu au concours, j'ai dû en plus de mon choix pour le stage « Europe » faire mes vœux pour le stage « Territoires ». J'avais demandé, sans indiquer de localisation précise, à l'effectuer au sein d'une collectivité territoriale, c'est-à-dire un conseil général ou régional, une communauté urbaine, une mairie... Il me semblait utile d'en faire l'expérience avant d'entrer dans la préfectorale, si tant est que je choisisse cette voie à la sortie de l'ENA. Avec la décentralisation, les collectivités locales et les préfectures travaillent ensemble, sinon main dans la main, du moins en tenant compte l'une de l'autre. Et puisque la répartition des pouvoirs locaux était un des sujets excitants du moment, je demandais une collectivité territoriale confrontée à d'importants enjeux de gouvernance.

3 juil. Un courriel m'apprend que, pour moi, ce **7ᵉ mois** sera le Grand Ouest et la ville de Brest. Nous sommes tout au plus huit ou neuf à être affectés dans des collectivités. La plupart de nos camarades de promotion ont réclamé un stage en préfecture. Ne pas en vouloir, c'est dénigrer la tradition et accepter d'être mal noté à la fin du stage. C'est ce qui se dit. Et, malgré cela, il se trouve chaque année suffisamment d'inconscients pour le vérifier.

7 juil. Quand tout à coup surgit un conférencier ! Sur l'estrade du grand amphithéâtre, le préfet chargé du logement d'urgence auprès du Premier ministre n'est pas un remplaçant. Et, c'est presque une première, il connaît son sujet, analyse objectivement la situation et nous explique les pistes de recherche et les marges de manœuvre dont il dispose. L'intouchable révision générale des politiques publiques est malmenée pour la première fois. Cette intervention était tellement inattendue que je suis allé le rencontrer. Heureux d'avoir trouvé une oreille attentive, le préfet me confie que la promotion précédente était allée se plaindre auprès de la direction au motif qu'il avait ouvertement critiqué la politique de l'actuel gouvernement : « Les élèves ne voulaient plus que j'intervienne à l'École. » Ils voyaient en lui un dangereux agitateur.

Apprendre à se taire

9 juil.   J'entre dans la grande salle de la commission des stages. Un vieil ambassadeur (nommé président du jury pour l'occasion), le directeur des stages (qui m'a inspecté à Beyrouth) et l'un de ses adjoints me font face. Ils m'invitent froidement à parler de mon stage pendant dix minutes avant de me poser des questions. Je m'y emploie sobrement. Je parle de la délivrance des visas, de la mutualisation possible du processus avec les autres consulats Schengen, étant donné l'intitulé du stage « Europe ». Mais les membres de la commission n'en ont que pour mon rapport : « Le ton est trop décalé. » Le président se fait même péremptoire : « Tout ce que vous affirmez est faux, cela ne peut pas se produire au Quai d'Orsay. » Leur logique, en forme de syllogisme imparable, est d'une simplicité déconcertante : si les dysfonctionnements que j'ai décrits existent vraiment, la mission d'inspection passée à l'ambassade quelques mois auparavant n'aurait pas manqué de les relever. Or, la mission n'en parle pas ; donc ils n'existent pas.

Le président est une sorte de gardien du temple. On ne peut pas attendre de lui qu'il souscrive à un discours critique – même s'il est argumenté – à l'égard de la haute administration. C'est d'autant plus regrettable pour moi que sa note est la seule qui compte (celles de l'ambassadeur de France à Beyrouth et de l'inspecteur ne sont qu'indicatives). Il me lance avec emphase : « Monsieur Saby, quand on est haut fonctionnaire, on apprend d'abord à se taire. » Je prends note mais indique, pour ma défense, qu'on ne me l'avait pas enseigné et que j'ai suivi les instructions à la lettre.

En sortant, dans le couloir, je croise un de mes camarades de promotion, Thomas, sorte de Bruce Wayne à la française, généralement fringant et sûr de lui. Comme il me semble inhabituellement pâle, je lui demande s'il va bien. « Ma soutenance s'est très bien passée, mais je pense quand même que je vais me faire saquer. » Il a commis l'irréparable : « Quand j'étais en stage, j'ai fait une énorme erreur à laquelle je n'arrête pas de penser. Je suis allé un soir à la Résidence, à l'invitation de l'ambassadeur, pour prendre un verre avec lui. Alors que nous buvions un whisky, je lui ai demandé quel était le nom de sa promo et il me l'a donné en soulignant le fait que j'aurais quand même pu me renseigner avant... » Je deviens pâle à mon tour.

Les femmes, Rodolphe et l'Europe

12 juil.   Nouvelle réunion du groupe « Action de communication ». Sur son ordinateur, Rodolphe lit la Bible en nous écoutant à peine. Notre ex-philosophe en a marre, je le vois qui bout devant son ordinateur portable. Sur l'écran, une photo de lui en pleine nage papillon dans une piscine olympique, bronzé comme une icône de Malibu, tel un Schwarzenegger mâtiné de Kant – à moins que ce ne soit l'inverse. Le débat porte une nouvelle fois sur les encarts publicitaires à acheter. On disserte, en spécialistes. Mais Rodolphe n'en peut plus : « J'ai un rendez-vous très important dans dix minutes. Je ne peux pas le manquer », dit-il en rangeant ses affaires et en quittant la salle non sans avoir fait bruyamment claquer la porte. Après quelques minutes, las, je m'éclipse à mon tour, discrètement.

Dans le couloir, je croise Sasha, qui depuis longtemps a cessé de croire qu'il y avait un intérêt à m'imiter et avec qui j'ai noué amitié. Nous descendons au sous-sol de l'École, où se trouve la salle de sport, pour une partie de ping-pong. La salle serait déserte s'il n'y avait Rodolphe, le torse nu, en train de boxer dans le vide, devant un miroir. Il nous regarde comme s'il allait mordre : « J'avais rendez-vous avec moi-même, d'accord ? »

Le grand jour

17 juil.   L'épreuve « Thème d'observation » commence. Nous sommes presque au complet. Un membre de notre équipe est encore aux toilettes. Léa, une jeune externe, n'arrête pas de regarder en direction de la porte d'entrée. Parmi nous, un ancien militaire fort sympathique, qui a passé le concours en interne, détend l'atmosphère : « Son sac est là. Gilles a dû tomber à l'ennemi... Prends son paquetage, Léa, répartissons-nous les vivres et allons-y ! » Léa ne sait pas s'il plaisante. Ses yeux s'agitent. Elle interroge le militaire du regard, tente un sourire, soupire enfin quand le retardataire montre le bout de son nez.

Les portes se ferment. On nous tend l'enveloppe contenant notre sujet. Léa s'en saisit : « Nous devons rédiger une résolution du Parlement européen ! »

C'est parti : huit heures trente de huis clos, aucun document à notre disposition, deux ordinateurs pour taper la résolution ; cinq cent dix minutes non-stop durant lesquelles six d'entre nous écrivent des bouts de résolution sur papier, quand les deux restants les retranscrivent sur les écrans ; huit heures trente de copier-coller et d'impression afin d'harmoniser globalement le document. Quelques différences de niveau au sein du groupe, de l'électricité, des tensions, deux, trois accrochages, mais globalement une bonne cohésion. Ce doit être d'ailleurs le but de l'exercice, car le résultat en lui-même est sans intérêt : nous n'avons rien inventé, rien créé, seulement singé ce qui se fait déjà. Quant au cœur du sujet, à savoir le développement rural et sa place au sein de la mécanique européenne, il nous est aussi inconnu qu'à une poule landaise. En revanche, que les campagnes européennes se rassurent, nous savons pondre une résolution.

En sortant, nous croisons des membres furibonds d'un autre groupe de travail : le sujet ne correspondait pas à la thématique sur laquelle ils avaient planché. « Nous allons faire un recours devant le juge administratif pour que l'épreuve soit invalidée. On ne va pas chuter dans le classement à cause de leurs erreurs d'enveloppe ! » Il paraît que chaque promotion d'énarques génère son lot de menaces de recours devant les magistrats. Peu s'y résolvent. Et pour cause. Supporter les errances de la hiérarchie ferait partie de l'apprentissage.

La boîte à idées

18 juil.   Je passe le week-end à Paris. J'ai rendez-vous avec un groupe de travail de Terra Nova : « la "boîte à idées" qui se prend pour un *think tank* », comme l'analysera *Le Monde diplomatique*. Autour de la table, une meute d'énarques. On parle de rapports écrits par d'anciens élèves qu'il faudrait que de jeunes énarques synthétisent pour préparer la campagne présidentielle de 2012 à l'issue de laquelle un grand énarque – si tout va bien – sera élu. Une camarade de la promo Zola, qui précède Badinter, me glisse : « De toute façon, le vrai problème, c'est le vote. Si on pouvait limiter ce droit aux polytechniciens et aux énarques, la France tournerait bien mieux ! » Je crois que la « fondation progressiste » tient là une idée et une recrue de choix. Quant à Zola, il doit faire trembler le Panthéon.

L'un des fondateurs de la boîte à idées passe une tête : « Comment ça se passe ? » Plutôt énervé, je m'autorise : « L'ONG pour énarques faisant semblant d'avoir des idées se porte bien ! » Il me regarde, surpris : « Mais... toi aussi tu es énarque, non ? Alors comment peux-tu dire ça ? »

Juste après la réunion, j'ai rendez-vous avec Philippe, mon ancien maître de stage au ministère de la Culture. Je lui présente une brillante « activiste » de Terra Nova, ancienne élève de l'ENA bien sûr, sortie dans la botte à l'Inspection générale des finances, et qui est en train de rédiger un rapport pour le *think tank* révolutionnaire. L'entretien porte notamment sur les pratiques culturelles des jeunes Français. Elle se lance : « Pensez-vous qu'il faille que l'école primaire ou le collège prévoient d'emmener les enfants au théâtre, par exemple ? » Philippe est assez catégorique : « Non, les études montrent que, dans ce cas, les enfants associent la culture au temps scolaire et risquent d'en être dégoûtés à vie. » Et elle, également ancienne élève d'Henri-IV, de Sciences Po Paris et de Normale sup', de s'offusquer, les sourcils froncés : « Je ne comprends pas. Moi, j'ai énormément apprécié mon cursus scolaire. Et je n'ai pas le sentiment d'avoir souffert de la culture à l'école ! »

Fin de communication

24 juil. L'ultime rendez-vous du groupe « Action de communication » va commencer dans quelques secondes. Patricia, retenue à Paris, l'a programmé en visioconférence. Renaud et moi sommes à ses côtés, avenue de l'Observatoire, dans les locaux de l'ENA, aucun autre cours ne nous retenant à Strasbourg avant le week-end. La communication s'établit et les visages de nos coéquipiers alsaciens apparaissent devant nous : « Bonjour à tous ! lance Patricia. — Bonjour madame, bonjour les deux suce-boules », répond Rodolphe en essayant de donner une expression avantageuse à son image inversée. Patricia ne relève pas et embraie aussitôt sur sa campagne de publicité dans la presse. Elle ne jure que par ça. Elle a vu mes propositions : « Elles n'ont aucun sens. » Renaud et moi nous braquons aussitôt : « Patricia, vous êtes depuis dix ans à la tête d'une fondation qui cherche à promouvoir l'Union auprès des Français et notamment auprès des femmes. Pour y parvenir, vous avez notamment privilégié la publicité dans des magazines. Vous avez le sentiment que cela a marché ? Le résultat du référendum de 2005 notamment vous semble être le signe que la méthode fonctionnait ? » La discussion s'emballe. Le ton monte. Nous persistons dans notre minorité : « Dans le doute, il y a deux solutions : soit continuer avec les mêmes recettes, soit réfléchir à des idées neuves. » Le groupe à Strasbourg se désolidarise (il ne faut pas fâcher la maîtresse). Patricia s'irrite, exprime fermement son opposition de principe, sans pouvoir vraiment prendre son bilan à témoin, puis met fin à la conversation. La mascarade n'a que trop duré. L'heure est d'ailleurs terminée. Elle quitte la pièce sans saluer personne.

29 juil.   Nous remettons notre rapport. Mes contributions sont reléguées en annexes. En revanche, le groupe montre une belle unité quand il s'agit de remplir anonymement la feuille de notation des intervenants. Patricia en prend pour son grade.

Cela n'empêchera pas l'École de lui proposer de revenir vanter les mérites de sa fondation, l'année suivante.

30 juil. Je suis contacté par plusieurs membres de ma promotion en vue des prochaines élections présidentielles. C'est assez inattendu. Nous parlons peu de politique entre nous, voire pas du tout. Les élèves ouvertement engagés sont plutôt rares. La bouée du fonctionnaire, c'est sa neutralité. C'est utile dans les courants. Après tout, nous sommes des techniciens, et la technique n'est pas idéologique. Une rhétorique qui nous permet de nous maintenir en cabinet d'une majorité à l'autre. Ainsi ce camarade de promotion qui, après un stage au *Figaro* et un essai de pantouflage chez LVMH, rejoindra un cabinet de gauche quelques mois après la sortie. En attendant, la cellule envisage d'écrire le programme du futur président. Rien que ça. Mais pour qui va-t-on rouler ? Ce n'est pas la question. L'une des fines plumes croit savoir qu'elle pourra le faire passer au candidat de gauche comme à celui de droite. L'heure est grave, la France est en crise, mais le peuple peut compter sur notre force de proposition. Dans un premier temps, ingurgiter tous les programmes de la Vᵉ République.

La sanction

31 juil. Il est l'heure de « désocculter » ma note de stage Europe. Un rituel qui consiste pour l'élève à aller chercher une enveloppe mystère dans une obscure salle de l'École. Je longe le couloir, patiente dans la queue. Cette fois, ça y est. J'ai l'enveloppe en main. Je l'ouvre, lentement, peinant à retenir un tremblement. La sanction tombe, froide comme un couperet : 8,5/10. Un non-initié y verrait une performance. À tort. Les notes s'échelonnent de 6 à 10, la médiane est à 9. La note de stage est la première à nous être attribuée, son coefficient est élevé et détermine en partie notre rang de sortie. Certes, le major de la promotion et le trentième ne seront séparés que par quelques points, mais ceux-ci suffiront à établir le sacro-saint classement. Il ne faut pas se voiler la face : en dépit d'appréciations excellentes de la part de l'inspecteur et de mon maître de stage, 8,5/10 est *a priori* une note éliminatoire dans la course à la botte. M. l'ambassadeur a pris soin de se démarquer des conclusions de mon rapport qui lui étaient défavorables, tout en prenant la peine de m'attribuer un certain nombre de satisfecit.

Je croise une camarade de promotion qui a obtenu 9,5/10 à ne rien faire : « Si ça se savait dehors... » me glisse-t-elle un peu honteuse. Envoyée à la Commission européenne, elle a passé son temps à sortir et à s'amuser dans un environnement protecteur et confortable, avant de rédiger un rapport élogieux vantant les mérites de l'administration française à Bruxelles. On a su la récompenser. Moi aussi j'aurais aimé écrire que mon stage s'était gentiment déroulé, que l'ambassade de France à Beyrouth était un modèle d'organisation et que Son Excellence m'avait donné le goût de la carrière diplomatique. J'ai ignoré à mes frais que la première vertu du soldat, c'est le silence. C'est aussi visiblement la première vertu de l'homme d'État.

Dépité, je pars en vacances en ressassant cette loi d'airain. L'École nous laisse le mois d'août pour souffler. Il faut dire que tous les intervenants sur le thème de la RGPP doivent être en congés... Durant ces quatre semaines, je trouve refuge ici et là chez des amis que j'inonde de mes envies de démission. Après tout, je me suis engagé pour faire avancer la cause (à mon niveau), non pour être rabroué à tout bout de champ ! Oui mais, démissionner, ce serait renoncer à tout ce que l'ENA peut offrir ! Je ressemble à cet enfant qui cherche à composer avec sa famille détestée pour préserver son héritage. Plus le temps passe, plus le tribut a été lourdement payé, et plus il est difficile d'abdiquer.

20 août Je reçois un coup de fil de Beyrouth. C'est
8ᵉ mois Thierry : SEMA a été rappelé, il devient conseiller à l'Élysée, contraint et forcé (une sanction déguisée en promotion). Une nouvelle équipe se prépare à arriver, le panneau « Ambassade de France » va enfin pouvoir être raccroché.

Léna

31 août De retour à Strasbourg. Parmi les absurdités de l'École, il en est une qui passerait inaperçue si elle n'obligeait pas les élèves à la dépense ni ne leur imposait un ennui inutile. Notre stage « Territoires » ne débute pas à la rentrée, ni même début octobre, mais le 20 septembre. Autant dire que l'appartement strasbourgeois que nous aurions pu rendre fin juillet, avant les vacances, doit être loué jusqu'à cette date.

Vingt jours à tirer, donc. Lors d'un déjeuner avec des membres de la délégation qui me font part de leur frustration face à la force d'inertie inébranlable de la direction, nous imaginons un projet collectif pour éviter la résignation : écrire une « lettre à Léna » comme nous écririons à une amie qui nous aurait déçus. Les délégués proposent le projet en assemblée générale. Il est plutôt bien accueilli par nos camarades. Encouragé, je rédige ma lettre :

> Chère Léna,
> En m'accueillant il y a un an près de toi, tu as suscité diverses envies chez moi. Tu m'as choisi pour me former à servir l'État, à défendre les valeurs du service public, ici et là. J'attends de toi que tu consolides mes connaissances d'honnête homme, que tu m'inities à la vie administrative et m'en apprennes tous les rouages, que tu m'ouvres l'esprit et attises ma curiosité et mon appétit pour d'autres connaissances, d'autres rencontres, d'autres horizons. Ton influence sur moi est importante, puisque c'est avec toi que je démarre mon action au service du citoyen, dans laquelle je m'engage pour les prochaines décennies [...].

Vient ensuite la description d'une scolarité idéale mêlant échanges entre les élèves de la promotion, valorisation des expériences antérieures, interventions cohérentes d'experts, etc. Nous sommes en tout quatorze contributeurs à élaborer la description de l'École idéale. La délégation en prépare une synthèse à l'attention de la direction. Elle est édifiante : la scolarité est notée en moyenne 3/10. Le verbatim est sans appel : « l'essentiel est d'arriver à ne pas nous rendre spectateurs de cours infantilisants, mais acteurs de notre propre scolarité » ; « les cours magistraux ont peu d'intérêt et ne sont pas assez bien reliés entre eux. La problématique générale est assez peu lisible, les intervenants sont globalement de mauvaise qualité » ; « compte tenu du niveau d'exigence du concours d'entrée et de l'engagement nécessaire pour le réussir, j'attendais un vrai projet pédagogique qui nous permette de progresser professionnellement et de nous former à nos futurs métiers » ; « sur 10 je donne un 3 avec une certaine indulgence car un effort est fait sur les cours de langues et le sport » ; « la scolarité à l'ENA est globalement peu satisfaisante, peut-être du fait de la multiplicité des objectifs qu'elle essaie de remplir en même temps : fournir matière à des débats théoriques sur les politiques publiques, préparer à l'exercice concret de professions très différentes, occuper les élèves de façon intensive sur de courtes périodes de temps, satisfaire l'ego d'un nombre maximal de conférenciers... » ; « la scolarité a déçu mes attentes dans quatre-vingt pour cent de ses dimensions. Illustration : le cas "hôpital" traité par un intervenant issu du Quai d'Orsay qui, je cite, "ne connaît pas grand-chose à la problématique santé" et "découvre le dossier" comme nous »...

Cette communion de pensée m'a fait du bien ; je commençais à douter de la légitimité de mon indignation. Transmis à la direction, le document ne suscitera jamais aucune réaction. Et Léna restera vieille fille.

La fracture chimérique

11 sept. Encore et toujours ces entraînements aux
9ᵉ mois épreuves de classement. Nous récupérons
9 h 00 des sujets et nous installons à une table
pour six heures de synthèse brutale sur la base d'une
centaine de pages rébarbatives. S'enfermer, lire, digérer, écrire et recommencer. Attendre la note, obtenir
un 2/10 ou un 9/10, mais sans explication : les
annotations des correcteurs sont toujours aussi rares.

Au fil des jours, le nombre des élèves bénéficiant
d'un tiers-temps augmente. Il s'agit normalement
des candidats qui, au moment des épreuves, présentent un handicap tel qu'il est défini dans la loi
du 11 février 2005 : « limitation d'activité ou restriction de participation à la vie en société subie
dans son environnement par une personne en raison d'une altération substantielle, durable ou définitive d'une ou plusieurs fonctions physiques,
sensorielles, mentales, cognitives ou psychiques,
d'un polyhandicap ou d'un trouble de la santé
invalidant ». Les candidats concernés disposent
alors de deux avantages : la possibilité d'avoir du
temps supplémentaire (six heures quarante au total)
et celle d'utiliser un ordinateur (écrire nerveusement six heures d'affilée sans la moindre pause est
une épreuve pour les mains). Ils sont confinés dans
une salle à part, loin des autres.

Aujourd'hui, Iris n'est pas avec nous. Elle a une
douleur invalidante au poignet qui l'oblige à bénéficier
de ces avantages ; heureusement, son handicap est parfaitement compatible avec le tournoi de badminton de
l'École. Elle n'est pas la seule à manquer à l'appel. Les

146

« handicapés » se sont même brusquement multipliés. À l'ENA, les effectifs faisant l'objet d'une « restriction de participation à la vie en société » peuvent augmenter de quatre cents pour cent pendant le cursus.

Big Sister

12 sept. Le serveur intranet de l'École donne accès à tous les documents sur lesquels la direction veut nous voir travailler. À côté de chaque fichier, une icône offre une fonctionnalité inattendue. En cliquant dessus, la liste des élèves de la promotion apparaît, associant un chiffre à chacun de nos noms : le nombre de fois que nous avons consulté ledit fichier. Je n'y avais pas fait attention. C'est Nalia qui me l'explique lors d'une pause à la cafétéria : « Je suis sûr que la direction nous surveille. Cela doit être dans notre dossier. Je veille à cliquer sur chaque fichier pour que le registre retienne que j'ai ouvert tous les documents. Si ça se trouve, ça joue sur le classement final. »

Je ne peux pas le croire. La direction n'a déjà pas le temps d'améliorer l'enseignement... Je clique sur une icône au hasard, pour voir ce que le registre dit de la participation de la promotion : il semble que le fichier ait été lu une fois ou jamais. Tiens, sauf pour Marianne qui a cliqué dix-sept fois sur le fichier... Ce doit être une erreur. Je regarde un autre fichier : une fois, une fois, zéro, une fois, zéro, une fois... Marianne : vingt-trois fois ! Ce n'est pas possible. Je clique sur d'autres icônes. Même résultat. Incroyable ! Marianne clique frénétiquement sur tous les documents. Peut-être qu'en cliquant moi aussi le plus possible j'aurais une chance d'arriver premier.

Fin de carrière

13 sept. Pour une fois, la journée est instructive et stimulante ! Nous sommes mis en situation de gestion de crise, comme si nous nous trouvions dans le corps préfectoral. Par petits groupes d'une dizaine d'élèves, chacun se voit attribuer un rôle : je suis le directeur de cabinet du préfet. Nous ouvrons une enveloppe, prenons connaissance du contexte : un employé d'une centrale nucléaire s'est approché du réacteur avec l'intention d'y déposer une bombe artisanale et d'y mourir avec éclat.

Encadré par des préfets réunis en équipe de formation, nous devons établir le périmètre de sécurité, coordonner les secours, évacuer les populations... En prime, un volet de la journée concerne la gestion médiatique de l'événement : nous simulons une interview à la télévision grâce au studio télé, flambant neuf, installé au troisième étage de l'ENA – qui n'aura malheureusement servi durant la scolarité que cette seule et unique fois. Nous disposons de terminaux de contrôle, de téléphone reliés directement à des formateurs contrefaisant les interlocuteurs réels. Mes fonctions de directeur de cabinet m'amènent à avoir régulièrement des échanges avec Julien, un interne d'une trentaine d'années qui occupe le poste de chef de la coordination des secours. Nous en profitons pour nous lancer les petites vacheries d'étudiants que nous éviterions dans la vie professionnelle. Bref, nous tenons nos rôles en franche camaraderie.

La journée se déroule très bien. La joie et la bonne humeur règnent. On en oublierait presque le classement. À la fin de la journée, nous nous réunissons pour faire le bilan de l'expérience. Le tour de table est positif : tout le monde semble ravi de l'expérience. Fatigué mais joyeux, je m'autorise une boutade : « Il conviendrait en situation réelle d'avoir un subordonné moins revêche que Julien ! » Lorsque nous quittons nos encadrants et nous retrouvons dans le couloir, Julien me rattrape, furieux : « T'es content de toi ? — Monsieur le chef de la coordination des secours, vous pouvez rentrer chez vous, la crise est terminée. » Mais sa colère ne le quitte pas et je comprends qu'il ne joue plus son rôle : « La réflexion que tu as faite devant les préfets, tu sais très bien qu'ils vont la mettre dans mon dossier, que je suis foutu pour le classement. Tu as plaisanté avec moi toute la journée pour me poignarder devant tout le monde sur la ligne d'arrivée. Tu peux être fier de toi, tu viens de planter ma carrière ! »

Les hommes en noir

14 sept. Camille, mon vieux compagnon d'armes (du collège à la Prép'ENA), élève à l'École des hautes études en santé publique, m'appelle afin de me proposer de participer à un dossier pour le *Journal de l'association des directeurs d'hôpitaux* sur les différentes formations des fonctionnaires. Lui parlera de la fonction publique hospitalière, tandis qu'un élève de l'INET, l'Institut national d'études territoriales qui forme les cadres de direction des collectivités locales, apportera sa propre expérience. De mon côté, avec d'autres élèves de l'École, je devrai répondre à la question : « Qu'est-ce qu'être élève de l'ENA ? »

Nous sommes trois énarques, tous externes, à être sollicités, dont Michel qui a à peu près le même regard que moi sur l'École et qui propose que nous écrivions le papier de concert. Après avoir rappelé les raisons de notre engagement à l'ENA et dressé un constat amer de la formation, nous suggérons de fondre les trois grandes écoles de la République en une seule ; au terme de la scolarité, chaque élève choisirait entre la fonction publique d'État, la fonction publique territoriale ou la fonction publique hospitalière ; il accéderait d'abord à un socle de valeurs communes avant de se spécialiser en connaissance de cause, en fonction de ses aspirations personnelles et non de considérations liées au prestige social. La troisième plume, à la lecture de notre projet, préfère ne pas signer, malgré son accord sur le fond. Une énarque de la promotion Zola me déconseille fermement d'apposer mon nom sur ce papier : « Nous sommes amis, je peux te parler en toute franchise. Tu ne devrais pas écrire ce genre de choses, cet article risque de se retourner contre toi. Si ça se trouve, ils vont l'intégrer à ton dossier et il te suivra pendant toute ta carrière. » La paranoïa ambiante fonctionne à plein régime. Les hommes en noir seraient partout. Mais c'est surtout l'autocensure qui règne.

Avant la publication, nous l'envoyons pour information à la promotion et à la direction de la communication qui nous remercie de notre envoi sans plus de réaction. Nous recevons un courriel de Fabien, l'élève-pyjama : « Je partage globalement vos conclusions. Mais je vous rappelle qu'il convient de prendre garde, d'un point de vue purement pratique, à ne pas se tirer une balle dans le pied en proposant publiquement des réformes qui pourraient se retourner contre nous à l'occasion de nos carrières respectives. » Je lui réponds que je préfère marcher la tête haute avec un pied ensanglanté que courbé avec des souliers vernis. Son retour est sans équivoque : « Fais quand même attention qu'à force de marcher avec un pied ensanglanté tu ne nous forces pas collectivement à te l'amputer. »

Monopoly

15 sept. À l'approche du départ en stage « Territoires », la question du logement est dans toutes les bouches. Généralement, gratifiés en sus d'une prime de logement, nous sommes hébergés par la préfecture ou par la collectivité territoriale dans laquelle nous sommes affectés. Ce sera mon cas : la chargée de mission du directeur général des services de la ville de Brest m'a déjà averti que la cage d'escalier de mon immeuble sera en travaux quand j'arriverai. Mais cinq ou six élèves de la promotion sont accueillis par des administrations qui ne disposent pas d'appartements de fonction. Parmi eux, Mathieu, qui ne cesse d'effectuer des allers retours entre Strasbourg et son lieu d'affectation en Normandie pour se trouver un logement. Le loyer et le train sont à sa charge. Autant dire que la prime de logement, dans son cas, est justifiée. Mais pour les autres ? La prime pourrait être réservée aux élèves qui ne disposent pas de domicile, et les structures d'accueil fournir un logement à tous ou à personne. Elles y consentent d'ailleurs bien souvent, conscientes de bénéficier pendant cinq mois d'une force de travail payée par l'État.

Face à cette inégalité flagrante dans les conditions de la formation, la délégation a demandé un rendez-vous à la direction, mais celle-ci n'a pas pris le temps de la recevoir. En revanche, elle rappelle la solution de la « caisse de communauté » mise en place depuis des dizaines d'années par les promotions antérieures : en effet, les bénéficiaires de la prime injustifiée peuvent en reverser une partie à leurs camarades moins bien lotis, s'ils le souhaitent. Un de mes camarades justifie cette parcimonie : « Tu comprends, c'est bien qu'on puisse garder un peu de gras. »

La quête au chapeau est donc institutionnalisée dans l'école de la République. Quelques voix s'élèvent : « Et si nous refusons de nous rendre à notre stage, la direction verra-t-elle un intérêt à nous recevoir ? En vingt-quatre heures, tout serait sûrement arrangé. L'ENA n'aime pas les vagues. » Mais la majorité des élèves non plus... Et c'est l'éternelle rengaine : « On risque d'être connus comme "la promotion qui s'est dressée contre la direction", on sera étiquetés "rebelles", on nous empêchera d'accéder à certains postes tout au long de notre carrière... » La procédure est soumise au vote le surlendemain.

Balle au bond

17 sept. Le jeudi, pour moi, c'est squash, un sport exutoire parfaitement adapté à l'endroit : on frappe dans tous les sens, à l'intérieur d'un espace clos, confiné, et le danger arrive souvent par-derrière. Bien sûr, nous sommes notés en fonction de notre assiduité et de la qualité de notre rebond. Pendant que nous nous affrontons, un coach nous observe et griffonne sur un carnet. D'autres élèves ont préféré le tennis, la musculation, l'aviron ou le golf… Dans les vestiaires, je croise plusieurs de nos camarades en train de se changer. Comme je viens d'en quitter un, David, adversaire d'habitude redoutable mais aujourd'hui en pleine déprime, je leur dis mon ras-le-bol et fulmine contre l'École dont la logique me paraît aussi insensée que malsaine. Ils gardent le silence. Trois joueurs du club, non énarques, terminent de se changer et sortent. L'un de mes camarades m'apostrophe alors : « Ça ne va pas, non ? Dire du mal de l'École devant des étrangers ? C'est la meilleure façon de nous suicider ! » Un abus de langage qui est de plus en plus fréquent dans les couloirs de l'École et qui frise le lapsus.

Géométrie variable

18 sept. Sans surprise, les urnes rendent leur verdict : à 68,75 % la promo se prononce en faveur de la caisse de communauté. Nous nous rendons à plusieurs au bureau de la direction des stages pour poser une simple question : comment faire pour refuser nos primes puisque nous sommes déjà logés avec de l'argent public ? À en juger par l'air étonné et l'éclat de rire soudain que nous obtenons en réponse, nous devons posséder un talent de comiques caché. « Mais, avec cet argent, faites-vous plaisir, achetez-vous une voiture ! » Outre le fait que, pour ma part, je n'ai pas le permis, il est étonnant qu'à l'ENA il soit expliqué qu'on peut s'asseoir sur des principes républicains : « Vous savez, tout ça est très relatif. Les principes républicains, il faut savoir les interpréter... » Nous ne recevrons pas d'autres formations avant d'être lâchés en stage « Territoires ». « Vivement Brest, l'iode et le grand air ! » me dis-je en quittant les lieux.

IV

L'EXIL

Tous aux abris

20 sept. J'ai la tête collée à la vitre du train 8085. Les
9ᵉ mois prairies passent inlassablement devant mes
yeux. Mes oreilles bourdonnent. Le voyage n'en finit
pas. Je suis dans l'interminable TGV Paris-Brest,
après Rennes…

15 h 40 La gare de Brest, ce dimanche après-midi,
est quasiment déserte. Nous ne sommes pas nombreux à descendre du train et à recevoir en plein
visage la bruine qui s'abat sur la ville. Je pousse ma
valise bruyante jusqu'à l'énorme bloc de béton faisant office de mairie et surplombant la place de
la Liberté. Le bâtiment est fermé. J'appuie plusieurs
fois sur une sonnette que je n'entends pas retentir.
Rayon de soleil : un gardien de permanence apparaît. Il n'a pas été prévenu de mon passage. Il hésite,
se gratte la tête, farfouille dans un tiroir en bougonnant et finit par trouver le trousseau de clefs du
studio qui m'a été réservé, rue Jean-Jaurès, dans le
prolongement de l'ancienne rue de Siam et des fontaines de Marta Pan.

Cette artère principale de la ville a un petit côté beyrouthin. Pour que le tram puisse bientôt circuler, les trottoirs ont été explosés, et de larges trous pierreux sont laissés là à l'abandon. Il n'y a personne. Seul le McDonald's est ouvert. Les immeubles sont gris, usés par le temps. La façade de l'immeuble dans lequel je rentre ne déroge pas à la règle.

L'entrée est lugubre. En travaux, comme annoncé. Je monte trois étages et franchis une passerelle extérieure qui donne sur la porte n° 13. Je l'ouvre. Ça grince. Face à moi, douze petits mètres carrés plongés dans une obscurité sordide, agrémentés d'un coin cuisine et d'une salle d'eau de deux mètres carré chacun, ouverts sur une fenêtre aveugle bouchée par un mur mitoyen distant d'une simple longueur de bras. Le choix est cornélien : déplier le canapé-lit et me retrouver coincé contre le mur, sans pouvoir ouvrir la porte d'entrée ; ou dormir par terre pour avoir un semblant d'espace vital mais me bousiller les vertèbres. En prime, il fait froid.

Entrée en scène

21 sept. J'entre, en ce lundi radieux, peu frais mais
9 h 00 dispos dans le bureau de Bastien, directeur général des services administratifs de la Communauté urbaine de Brest (CUB), qui regroupe Brest et les sept communes limitrophes : Brest métropole océane, BMO pour les intimes. Le bâtiment se situe à cinq minutes à pied de la mairie de la ville. Mon maître de stage officiel est le président de la communauté urbaine, qui est aussi le maire de Brest. Je le

croiserai peu durant ma mission : mon interlocuteur quotidien sera Bastien. Il me tend la main chaleureusement. C'est un petit barbu jovial hyperactif et très naturel. Un fonctionnaire territorial passionné par son métier et qui a roulé sa bosse. Il m'accorde aussitôt sa confiance, me considère d'emblée comme l'un de ses collaborateurs, propose que nous nous tutoyions et m'offre même la possibilité de déménager. Cela me change des relations compassées avec certains diplomates. Sans perdre de temps, il m'informe des deux missions qu'il a décidé de me confier : l'assistance à la renégociation du contrat de distribution d'eau avec un fournisseur et le soutien à la mise en place de la démarche d'évaluation des politiques publiques de BMO.

Bastien a une petite idée derrière la tête : m'associer au polytechnicien de service, un certain Christophe : « Un X et un énarque dans le même bureau, ça devrait faire des étincelles ! » s'écrie-t-il de sa grosse voix vivante. C'est qu'il compte profiter de la force de travail que l'État met gratuitement à sa disposition ! Quant au maître de stage officiel, le maire-président, on verra plus tard. L'homme me contactera « prochainement »… Étrange impression de déjà-vu, mais ici, au moins, je n'attends pas trois semaines pour connaître mes missions.

Je fais le tour des bureaux pour me présenter. L'énarque est un animal bizarre, dirait-on. Il se trouve que l'École n'a pas laissé ici que de bons souvenirs. On me raconte aussitôt qu'un ancien élève qui y a occupé de hautes fonctions avait une fâcheuse tendance à se comporter en préfet. « Il dictait ses courriers à ses directeurs adjoints ! » s'esclaffe un Brestois, entraînant les rires à la ronde. « Et quand il ne jouait pas au petit chef, il écrivait sous pseudonyme des romans érotiques qu'il distribuait dans les bureaux ! » Sa prose fantasmait les exploits d'un ancien élève de l'ENA, passé du côté des collectivités territoriales, qui vivait des aventures torrides avec ses assistantes. Je me suis procuré les textes : de véritables notes administratives érotiques, qui n'échaufferaient pas même un écolier. Mais la distribution dans les couloirs de BMO de ses histoires de CUB a mis dans l'embarras plus d'une assistante.

14 h 00 Me voici face à Christophe. Il paraît qu'entre énarques et polytechniciens il existe une rivalité de premiers de la classe dominants. Je perçois bien un regard malicieux derrière ses petites lunettes de mathématicien, mais une indifférence à tous les jugements règne dans son apparence débonnaire. Il m'accueille d'ailleurs aussitôt d'un large sourire, me tend une main franche, et sa poignée est cordiale. La guerre n'aura pas lieu.

Brest métropole océane a signé en 1987 un contrat de production d'eau potable avec l'un des deux fournisseurs qui se partagent le marché. Or ledit contrat arrive à échéance dans deux ans. Christophe est à la barre pour le renégocier. Ma mission consiste à l'assister en préparant les éléments d'information afin que les élus puissent débattre du mode de gestion de l'eau au sein du conseil de communauté : autant dire que des archives de plusieurs centaines de pages me tendent les bras.

Le jour même, je prends rendez-vous avec les différents acteurs du dossier, et passe le reste du temps dans mon bureau sous les toits à essayer de comprendre de quoi il retourne. Je lis, j'apprends, je découvre, je me familiarise avec les différents aspects de ce sujet complexe qui constitue un enjeu humain et financier considérable pour une collectivité locale comme Brest.

La place de la soif

24 sept. Jeudi matin, quatrième jour. Je lis dans *Le Télégramme de Brest* un reportage sur « Les soirées du jeudi », place de la Liberté. Il semblerait que traditionnellement les étudiants s'y retrouvent chaque semaine pour boire cinq ou dix verres, au grand dam des riverains. Je referme le journal et rouvre mes dossiers sur l'eau, que je potasse jusqu'à la nuit tombée.

En sortant du bureau, je décide d'aller voir de mes propres yeux ces fameuses soirées. Descendant la rue Jean-Jaurès, j'aperçois un vague attroupement qui s'agite joyeusement dans l'obscurité. Tandis que je m'en approche et que la rumeur gaie se confirme, je tombe sur une centaine de jeunes qui, une bière à la main et dans une ambiance bon enfant, s'abandonnent à leur ivresse face à l'hôtel de ville. Ils sont étudiants pour la plupart. Ils se sont acheté des packs de bière et se sont installés sur la grand-place. C'est plus convivial et moins cher que dans les bars brestois. Moins exigu aussi. La place est une large esplanade en pente douce, piquée en son centre d'un carré de multiples petits jets d'eau où se reflète la façade de l'affreuse mairie, et elle se prolonge jusqu'au monument aux morts.

J'aperçois l'un des vice-présidents de BMO, M. Nossam, seul, sur le bord de la place. Je le salue et lui demande ce qu'il fait là. « J'essaie de trouver une solution : les riverains n'en peuvent plus ! » m'explique-t-il. Les « soirées du jeudi » sont en effet en train de devenir une affaire d'État. Certes, dans presque toutes les villes d'Europe, le jeudi est synonyme de beuveries pour la plupart des étudiants. Mais à Brest, la situation est devenue très tendue. Sur le marché, les Brestois interpellent le maire quand il vient serrer des mains. Le sous-préfet râle, lui aussi, reprochant au maire de rester les bras croisés. Mais celui-ci ne veut rien entendre : il n'est pas l'organisateur des soirées, et c'est au sous-préfet, en charge de la sécurité publique, de prendre ses dispositions. L'un accuse l'autre de laxisme, le second accuse le premier d'arrière-pensées politiques en vue des élections régionales.

Pendant que M. Nossam m'explique tout ça, j'observe un groupe de jeunes qui poussent deux grosses poubelles vertes. Ils les positionnent en haut de la pente, puis les couchent. Je commence par croire qu'ils veulent en renverser le contenu par terre, mais je m'aperçois qu'elles sont vides. Deux gaillards s'installent alors dedans, tandis que deux autres les poussent : les poubelles dévalent la place de la Liberté et se renversent brutalement au bas de la pente. Les deux concurrents sont expulsés de leur kart de fortune et roulent par terre. « La course de poubelles est une spécialité locale », soupire le vice-président. Le nez par terre, les deux étudiants éclatent de rire. Tous deux se sont coupés en tombant sur les éclats de verre des cadavres de bouteilles qui jonchent le sol. Deux membres de la Croix-Rouge que je n'avais pas encore remarqués accourent, fil et aiguille à la main. L'un des cascadeurs, le plus éméché, est déjà reparti, sans se soucier de ses blessures. M. Nossam m'annonce qu'il va rentrer se coucher. Je quitte moi aussi la fête. Tout le long de la rue Jean-Jaurès descendent d'autres étudiants en route pour la gloire.

Rebelote

28 sept. Bastien me confie un autre dossier, celui d'assister Gaëlle, la personne en charge de l'évaluation des politiques de la CUB. Mon impression de déjà-vu se confirme : Gaëlle est persuadée que mon arrivée est le signe de son futur départ. Bastien m'avait prévenu : ancienne chef de cuisine, devenue chargée de mission à l'issue d'un concours, elle se devait de m'accueillir froidement : en interne, on brigue son poste, et l'arrivée du petit énarque ressemble à une tentative de déstabilisation.

J'essaie de la rassurer et lui propose de rencontrer les différents cadres de la communauté afin de recueillir leurs avis sur l'évaluation et de les résumer en vue d'une note de synthèse que nous écrirons ensemble, qu'elle signera et qu'elle présentera devant les différents chefs de service. Nous décidons d'un rendez-vous hebdomadaire pour suivre l'avancement de notre duo. Mais Gaëlle est méfiante. À Beyrouth, l'ambassadeur attendait de moi que je démolisse le travail de la consule. Ici, il n'en est rien : Bastien ne m'a pas demandé de « flinguer » Gaëlle, mais de lui permettre de se sortir d'une situation délicate. Dans les deux cas, l'arrivée du stagiaire de l'ENA est bien pratique lorsque personne n'a vraiment envie de s'acquitter d'une certaine tâche. C'est de bonne guerre.

Stallone, le maire et moi

Je dois faire parvenir ma « lettre d'installation » au directeur des stages de l'ENA, un courrier obligatoire destiné à lui indiquer que tout va bien, que tout est sur les rails. Je demande donc à rencontrer le président-maire, histoire de ne pas envoyer le document sans avoir vu mon maître de stage qui a dûment accepté ce rôle officiel. Le problème, m'explique-t-on à son secrétariat, c'est qu'il n'a pas le temps.

6 oct. Avant de pénétrer comme à mon habitude
10ᵉ mois dans l'austère bâtiment de la CUB, j'achète
8 h 00 *Le Télégramme de Brest*. J'y apprends que la mère de Sylvester Stallone – quatre-vingt-six ans au compteur – est venue hier dans la cité bretonne, accompagnée par son chirurgien esthétique personnel (de crainte, à voir sa photo en une, que le subtil échafaudage de ses liftings ne s'envole sous l'effet du vent de noroît). Elle voulait retrouver la trace de son grand-père qui, selon elle, aurait été maire de la ville. L'article précise qu'elle est « adepte de croupologie : l'art de lire l'avenir dans la raie des fesses ». Et le

journal de poursuivre : le maire, « malgré un planning ultrachargé », a annulé séance tenante tous ses
rendez-vous pour aider la grande dame à fouiller les
cartons des archives. À la fin de la journée, le mystère sera levé : Mme Stallone mère avait bien un
ancêtre brestois ; il n'était cependant pas maire de la
ville mais simple commis à la mairie. Pas de quoi
tourner un *biopic*. M. le maire veillera à ce qu'elle
reçoive tous les documents attestant ses origines
bretonnes.

10 h 00   Je rédige ma lettre : « Mon arrivée à Brest
s'est parfaitement déroulée et les missions qui me
sont proposées vont me permettre d'être plongé dans
la vie de la collectivité. Je n'ai en revanche pas encore
pu rencontrer mon maître de stage, débordé par la
présence de la maman de Sylvester Stallone, croupo-
logue de son état », et la dépose sur le bureau de
Bastien. Quelques minutes plus tard, le cabinet du
maire m'appelle : un créneau s'est libéré, et je le ver-
rai dans l'après-midi.

14 h 00   J'entre dans le grand bureau de M. le maire,
trônant en haut de l'immense bâtiment municipal et
s'ouvrant sur une terrasse qui domine l'océan. Une
tignasse à la Richard Cocciante, l'allure virile de l'élu
de terrain toujours pressé, têtu comme un Breton,
l'homme est aussi un grand timide allergique à la
communication. Le rendez-vous dure dix minutes,
assez pour qu'il me fasse comprendre qu'il n'aime pas
vraiment les énarques (j'apprendrai plus tard ses
vaines tentatives au concours d'entrée).

M. le sous-préfet

Mon appartenance à la CUB ne me dispense pas de prendre rendez-vous avec le sous-préfet. Il est d'usage que le stagiaire de l'ENA vienne se présenter auprès des services de l'État. J'ai déjà eu le mauvais goût de demander un stage dans une collectivité territoriale, je ne vais pas en rajouter en ne suivant pas la tradition plus avant. Je veux d'ailleurs en profiter pour lui demander s'il peut me confier une mission au sein de ses services, en complément de la mienne au sein de BMO. Juste un dossier, histoire de voir comment fonctionne une préfecture.

12 oct.   Le représentant de l'État me reçoit sans que j'aie eu à déployer de ruses grossières : nous sommes entre nous, même s'il n'est pas énarque. Sur le mur, un poster de pompiers. Sur les étagères, des camions de pompiers, précieusement conservés dans leur boîte transparente. Brest connaît deux types de pompiers : les marins qui interviennent sur le port, les civils qui interviennent partout ailleurs. Mais M. le sous-préfet a jeté son dévolu sur les civils. C'est ce qu'il m'annonce d'entrée de jeu : « Vous ne devinerez jamais ce qui se passait ici avant mon arrivée... » Il marque un temps d'arrêt. Suspense. « Savez-vous qui défilait le 14-Juillet ? » Nouveau temps d'arrêt, l'attente est insoutenable. « Seuls les marins-pompiers défilaient le 14-Juillet ! Rien pour les pompiers civils, vous vous rendez compte ? Vous imaginez bien que je suis monté au créneau : l'an prochain, pour le 14-Juillet, ils défileront ensemble ! » La sous-préfecture m'impressionne déjà.

Quant à ma « mission » ? Je l'attendrai en vain pendant mes cinq mois de stage. Le sous-préfet ne me proposera jamais rien, malgré mes relances. Pourtant, une démarche en sens inverse aurait été couronnée de succès. Pour un stagiaire en préfecture qui souhaiterait se familiariser avec la collectivité locale, un coup de fil du préfet au maire aurait plié l'affaire. Un préfet ne refuse pas ça à son poulain. Là, c'est différent, j'ai choisi d'emblée la mauvaise écurie : la collectivité territoriale. Sortir du rang, cela a un prix. C'est en substance le message qu'on me renvoie : tu as voulu l'ombre, tu l'auras.

Les usines envolées

Depuis que Bastien m'a confié ma première mission, je rédige des notes sur le patrimoine de l'eau et sur ses aspects juridiques. Après une série d'entretiens avec les acteurs engagés, je soumets mes notes aux directeurs des services concernés, puis à Bastien qui les transmet au maire et aux élus, en vue de la préparation des débats.

15 oct. Réunion de direction. Mes notes ont été lues. J'ai l'impression de faire facilement bonne figure : la « force intellectuelle » des énarques est appréciée. On se souvient d'ailleurs avec émotion de mon prédécesseur, de son esprit cartésien et de sa faculté à ingurgiter des dossiers aussi épais qu'ingrats. « Claires, donc ? Pas d'erreurs ? » Non, personne ne trouve rien à redire. La faculté de synthèse des élèves de l'ENA, leur capacité à absorber un nombre considérable d'informations en un temps record et à les ramasser en quelques notes

est sidérante. On me signalerait bien une virgule man-
quante, et encore… Pour le reste, tout est parfait :
« Épatant ! » J'insiste un peu, étonné de ne pas avoir
commis d'erreur factuelle. Je ne me vexerais pas, qu'ils
n'hésitent surtout pas, je suis là pour apprendre.
« Non, vraiment, tout va bien. Si tu y tiens absolument, tu peux écrire que nous avons cinq usines et
non trois, mais c'est un détail. » Oublier deux usines
à quelques dizaines de millions d'euros l'unité, cela fait
cher le détail… Aux yeux de mes hôtes, j'ai dû être
imprécis à dessein. Un grand pouvoir pourrait décou-
ler de cette illusion que les voies de certains hommes
sont impénétrables.

C'est ma tournée

Pour mieux comprendre le fonctionnement d'une
ville comme Brest, je prends rendez-vous avec le pro-
cureur, le directeur de l'hôpital, le trésorier-payeur
général, le patron du théâtre national, le chef des pompiers… Mon statut me donne facilement accès à ces
personnages clefs – vrai privilège conféré par l'École.
Le fait d'avoir choisi la collectivité territoriale me
ferme cependant certaines portes. Je chercherai par
exemple en vain à rencontrer la commissaire de police
de Brest. Si j'avais été en stage à la préfecture, j'aurais
obtenu ce rendez-vous dans l'heure. Celle qu'on appelle
localement Robocop pour son allure musclée refuse net
de me recevoir au motif qu'elle n'a pas le temps de
rencontrer tous les stagiaires du coin. « Ce n'est pas la
vraie raison, m'avertit un collègue. On a dû la mettre

en garde à la suite de ton rapport d'ambassade dans lequel tu ne mâchais pas tes mots. » Selon lui, la franc-maçonnerie jouerait un rôle considérable dans la vie brestoise. À chaque microcosme ses fantasmes.

J'ai plus de chance avec les maires des sept autres villes que compte BMO : Bohars, Gouesnou, Guilers, Guipavas, Le Relecq-Kerhuon, Plougastel-Daoulas et Plouzané. Je les rencontre tous.

« Finalement, j'ai été élu pour m'occuper des chiens écrasés ! Je ne peux même pas choisir les fleurs qui sont sur mon bureau ! » me lance l'un d'eux, dépité. C'est en effet la communauté urbaine qui est compétente pour traiter de nombreux domaines comme l'économie, les transports, l'urbanisme, le développement culturel et social ou encore l'eau. Certains maires ont l'impression que la communauté et sa ville principale, Brest, font la pluie et le beau temps. Le maire de Guipavas, par exemple, ne décolère pas : « L'aéroport s'appelle Brest-Guipavas alors qu'il est entièrement sur notre territoire ! — Évidemment qu'on a mis Brest dans le nom, m'oppose un élu brestois. Croyez-vous vraiment que les Chinois voient ce qu'est Guipavas ? » *Mémento* : demander à des Chinois ce qu'ils savent de Brest.

De l'évaluation à la gouvernance

21 oct.   Je participe, dans les locaux de la mairie, à une réunion à laquelle Bastien m'a prié d'assister. On y prépare un séminaire de direction BMO qui aura lieu demain. Autour de la table, un représentant de la direction de la communication et les deux chargées de mission auprès de Bastien. Au centre, M. Mage, consultant, envoyé par un cabinet spécialisé dans les collectivités territoriales pour élaborer le plan de communication de la communauté urbaine. C'est un petit bonhomme nerveux, volontiers hâbleur et sûr de lui, qui pense avoir les caméras du monde braquées sur lui. Avec ses tableaux Excel, ses diapos Powerpoint, son bagou de bonimenteur et son culot commerçant, Mage brasse du vent avec un certain talent. Il faut dire qu'à 1 200 euros par jour n'importe qui se sentirait pousser des ailes. D'ailleurs, sa spécialité consiste à donner aux missions que lui confie la collectivité une élasticité très lucrative. Ainsi a-t-il prévu avant de nous proposer son plan de communication de détailler les activités de la communauté urbaine. Il les a donc cartographiées après avoir rencontré des élus de BMO et s'est ingénié à définir leurs politiques, puisque, de son point de vue, les élus n'en sont pas capables. L'idée que ce soit un intervenant extérieur privé qui décide de la formulation des politiques publiques d'une collectivité me semble incongrue. Je m'en étonne et préviens que les directeurs qu'il rencontrera demain pour le séminaire de direction BMO risquent de ne pas apprécier sa méthode... Mais l'homme a « un putain d'avis tranché sur la méthode à suivre ». Et je vois à son sourire suffisant qu'il ne se fait pas beaucoup d'illusions sur la capacité de résistance des fonctionnaires. « En revanche, vous pourrez cliquer pour faire avancer les diapositives pendant que je parlerai, Olivier ? » Comme il semble inutile d'argumenter davantage et qu'un autre rendez-vous m'attend, je me lève et

quitte la salle. « Les énarques sont décidément inca-
pables de comprendre les enjeux locaux. » La pique s'est
fichée dans la porte. « À demain ! »

22 oct. Nous nous retrouvons, au petit matin, dans
une maison de BMO, à la périphérie de Brest, près
de l'océan. Tous les directeurs adjoints sont là.
M. Mage nous projette ses *slides* lui-même : « Je vous
présente donc les politiques de la communauté. J'ai
établi ce référentiel en fonction de vos activités. Il
vous suffit… » L'un des directeurs adjoints l'interrompt : « Je ne comprends pas. Ce n'est pas à vous
de normer les politiques qu'on mène. Ça n'a pas de
sens. — Mais si, vous allez voir… — Je ne vais rien
voir du tout, je ne participe pas à tout ça ! » Voilà
des mois que la collectivité, faute de compétences en
interne, s'est mis entre les mains d'une société de
conseil ; des mois de rendez-vous, de tableaux Excel
et de palabres administratives.

M. Mage parvient cahin-caha à sauver le séminaire, mais Bastien le convoque dans son bureau,
dès notre retour, afin de recadrer la mission. Au
lieu de parader avec son document établi seul dans
son coin, le consultant devra rencontrer un à un
les services dans le but de coordonner la réflexion.
Le consultant s'engage à rédiger sous vingt-quatre
heures une note à destination des adjoints, pour
leur expliquer la démarche et leur demander
d'organiser des réunions avec leurs équipes. Nous
sommes jeudi soir ; la note doit arriver vendredi
soir, au plus tard.

23 oct. Aucune note.

24-26 oct. Rien.

27 oct. Pas de nouvelles. Nous l'appelons. Répondeur. Nous laissons un message. Pas de rappel. Nous envoyons un, deux, trois courriels. Pas de réponse.

Le maire au bracelet

28 oct. Je reprends ma tournée des maires. L'un des chauffeurs de BMO me conduit. C'est un privilège de potentat auquel il faut bien s'habituer. Il me demande si je fais cela pour connaître le terrain ou plus spécifiquement dans le cadre de ma mission : « Parce que le stagiaire de l'an dernier, je ne suis pas sûr qu'il soit allé voir tout le monde... Mais bon, on n'était peut-être pas au courant, parce qu'il avait le permis, lui ! » Nous arrivons sur la place principale, au bout de laquelle se dresse la nouvelle mairie. D'une manière générale, dans les petites villes, la modernité s'arrête à la porte des bâtiments publics ; à l'intérieur, on côtoie l'histoire, souvent faute de moyens. M. le maire me reçoit, un bracelet électronique autour de la cheville. Deux ans plus tôt, il a été contrôlé avec plus de deux grammes d'alcool dans le sang après avoir provoqué un accident de voiture. Condamné à trois mois de prison ferme, il a été placé sous surveillance électronique afin de pouvoir exercer son mandat.

La surconsommation d'alcool n'est pas qu'un cliché breton. La CUB organise d'ailleurs une journée annuelle de prévention contre l'alcoolisme à destination des employés de la communauté : distribution d'alcootests, animations ludiques pour inviter à refréner la consommation d'alcool. Ce n'est pas du luxe. L'un de mes collègues de bureau affiche un sérieux penchant pour la bouteille. Le matin, il n'est pas rare qu'il me salue trois fois d'affilée... Si l'alcool n'est pas bon pour la santé, il a au moins des vertus en matière de convivialité.

Terrain glissant

4 nov.
11ᵉ mois
9 h 00

J'ai rendez-vous avec l'un des vice-présidents de la CUB. Le petit homme, la moustache fine, le regard dur et satisfait, strict dans son complet croisé, semble tout droit sorti de la IIIᵉ République. Il a été l'un des artisans de la signature du contrat de délégation de service public de l'eau. Cela fait donc plusieurs décennies qu'il officie. Certes, il y a des choses qui pèchent dans le contrat, mais il m'explique ce qui doit être renégocié. Devant autant de bonne volonté, je me permets une question naïve : « Comment la collectivité a-t-elle pu signer un contrat aussi léonin ? — À cette époque, tout le monde le faisait. Personne ne savait. — Je peux mettre les pieds dans le plat ? — Faites, je vous en prie. — Depuis le début de mon stage, j'entends souvent dire que les francs-maçons sont assez puissants à Brest. D'où ma question : dans quelle mesure les affaires sur l'eau sont-elles traitées en loge, comme on me l'a suggéré ? » Des rumeurs, semble répondre son sourire narquois. Tout comme l'histoire de cet élu local qui, un matin, avait rencontré devant chez lui un homme de la firme : « C'est donc bien là que vous habitez avec vos enfants, monsieur le vice-président. Nous voulions juste vérifier. Bonne journée. »

Je file alors avec l'un des directeurs techniques de la CUB visiter les usines de production et d'assainissement de l'eau. Je vais suivre le chemin d'une goutte d'eau, de sa récupération à son rejet dans l'océan après utilisation et retraitement. Me voici avec un casque sur la tête au milieu des énormes cuves dans lesquelles sont traitées les eaux usées. On me suggère ensuite de découvrir le cycle de traitement des déchets. Il m'est néanmoins proposé de me contenter d'un entretien avec le responsable attitré, même si la visite *in situ* reste possible : « C'est que ce n'est pas vraiment un endroit où l'on conduit les énarques habituellement. » Ce sera pourtant le circuit complet. De la poubelle, à l'arrière d'une benne à ordures, jusqu'au cœur de l'usine de traitement des déchets. Jamais je n'aurais pu découvrir tout cela sans le pouvoir que confère le statut d'énarque. Les portes s'ouvrent, on observe et l'esprit critique s'ébranle.

6 nov.   Je dévale les marches de la mairie. Il est 19 heures et le maire-président parle à des lycéens venus découvrir la mairie et BMO. J'arrive juste un peu après le début de leur rencontre. J'entre discrètement et me glisse derrière le maire et son équipe. On l'interroge sur son parcours, ses motivations, son travail au quotidien. L'un des lycéens lui demande ce qui lui donne sa légitimité. « Vous voyez, répond-il, je suis un homme de terrain, un élu. Cela me différencie de ceux qui occupent les plus hautes fonctions en vertu de leur seule réussite à un concours. » Il se retourne et cherche quelqu'un des yeux. Il me trouve : « Ne le prenez pas mal, surtout. »

Le maire d'antichambre

10 nov. On me dépose devant une énième mairie. Elle est à l'image de M. le maire, un peu clinquante. La trentaine, une solide implantation au sein de la fédération socialiste locale, l'homme a une ambition clairement affichée : la députation. Quand il ne reçoit pas ses administrés à la mairie, il grenouille dans les couloirs de la « fédé ». Nous sommes entre initiés : « Alors, vous, c'est quelle circonscription qui vous intéresse ? me lance-t-il en me regardant droit dans les yeux. — Aucune, monsieur le maire. » Il me sourit, ne sachant pas si je plaisante ou non. Il réitère les signes qu'il a déjà faits lorsque je suis arrivé. Sans appel, je ne réponds pas aux signes francs-maçons. Il commence à se poser des questions. « Allez, je vous connais, vous, les énarques. Ça vous tombe tout cuit les circonscriptions. Vous visez quoi, en vrai ? »

Ce n'est pas le premier qui m'expliquera, en s'abritant derrière un sourire *ultrabright*, que la politique, avant d'être une affaire d'opinion, est d'abord une affaire de carrière. Il y a quelques jours, un jeune élu PS de BMO, diplômé d'une grande école parisienne, m'avait assommé avec la chronologie de son plan de carrière pour les vingt prochaines années. Tout est prévu, consolidé par ses alliances au sein de la fédération. Le vote dans tout ça ? Une histoire de territoire : « Lorsque tu as l'étiquette, les gens votent pour toi. »

Une phrase qui faisait écho à celle que j'avais entendue dans la bouche d'une jeune énarque, fraîchement élue, qui avait publié un livre sur la France de demain. Lorsque j'avais sous-entendu que son ouvrage était creux, elle m'avait répondu : « Je sais, mais tu vois, en province, quand tu sors un bouquin, ça te positionne. Les gens ne le lisent pas, mais tu as sorti un livre, donc ils votent pour toi ! »

De l'importance des réunions

13 nov. Les « soirées du jeudi » sur la place de la Liberté monopolisent toutes les forces vives de la cité. Pour preuve, la grande réunion organisée par le sous-préfet, qui a décidé de taper du poing sur la table. Je me glisse avec les représentants de BMO jusqu'à la salle de réunion de la sous-préfecture de Brest. Vu la faiblesse de l'enjeu, je m'attendais à un petit comité. Tout le monde est là : le sous-préfet, la commissaire de police, le représentant du président de l'université, celui de la direction départementale de la Jeunesse et des Sports, un membre de la Croix-Rouge, les directeurs de grandes écoles de la ville, les délégués des étudiants, les mutuelles étudiantes, les associations de prévention contre l'alcoolisme, la prévention routière. Une quarantaine de personnes ! Karine, la stagiaire de l'ENA auprès du préfet de Quimper, est présente. Nous ne nous sommes presque jamais parlé à Strasbourg, mais elle me salue avec chaleur, comme si des liens de fraternité l'y obligeaient. Elle m'explique que le dossier est brûlant et que son chef lui a demandé de veiller à ce qu'il soit traité en priorité par le sous-préfet.

Ce dernier, fin stratège, a sorti la grosse artillerie. Il entame son discours aux troupes. L'heure est grave. Il annonce qu'il vient de prendre un arrêté qui interdit la consommation d'alcool le jeudi soir sur la place de la Liberté et dans les rues avoisinantes. Les étudiants pris avec une bouteille d'alcool à la main seront mis à l'amende. Silence dans la salle. L'un des délégués étudiants prend la parole : « Comme les températures sont de plus en plus basses et que les partiels approchent, il y aura peu de jeunes *a priori* qui voudront faire la fête d'ici aux beaux jours. » Le sous-préfet s'égosille : « Il n'y en aura aucun ou ils seront verbalisés, c'est à ça que sert mon arrêté ! » Un autre étudiant prend la parole : « Ben oui, mais votre arrêté, personne ne l'a lu. » Le sous-préfet le regarde avec des yeux ronds : « Il a été affiché en préfecture ! » C'est vrai, ça ! Pourquoi les étudiants ne viennent-ils pas plus souvent vérifier en préfecture si un arrêté a été placardé à leur intention ? Le sous-préfet se tourne vers Karine et lui demande d'aller faire des photocopies de l'arrêté pour les distribuer à l'assistance. Elle s'exécute ventre à terre.

Comment pourrait-on accompagner la mesure ? La parole est donnée aux représentants associatifs. Ceux-ci suggèrent aussitôt la présence entre 20 heures et 23 heures de médiateurs qui inciteraient les étudiants à ne pas trop boire et distribueraient des préservatifs. La Croix-Rouge de son côté prévoit huit personnes : quatre fixes et quatre mobiles. Le dispositif permettra de venir en aide aux étudiants trop avinés ou blessés. Robocop interrompt : « Je ne comprends pas, monsieur le sous-préfet. Vous prenez un arrêté pour interdire la consommation d'alcool puis vous organisez une réunion pour nous expliquer que des mesures seront appliquées en vue d'inciter les étudiants à la modération. Si c'est interdit, c'est interdit, point barre. » Le sous-préfet, le regard fuyant : « Madame la commissaire, je vous entends... Mais je reste avant tout un adepte de la prévention ; nous verrons, dans un deuxième temps, en fonction du comportement des étudiants. Je n'ignore pas que la France entière a les yeux tournés vers Brest. Nous ne pouvons pas nous permettre d'y aller trop fort, au risque de faire l'ouverture du 20 heures. » Deux heures de réunion ont déjà passé... À mon avis, la France s'ennuie.

L'un des cinq étudiants reprend la parole : « Excusez-moi, mais qu'est-ce que je dis à tout le monde, moi ? Ils peuvent boire mais pas trop ou ils ne peuvent pas boire du tout ? » Silence. La porte s'ouvre, le préfet entre dans la salle, le sous-préfet se met au garde-à-vous. Le grand chef salue tout le monde, souhaite une bonne fin de réunion et repart par une autre porte. Impression de déjà-vu : serait-ce une technique de management importée de l'ENA ? Le sous-préfet reprend la parole : « Je ne peux pas répondre à cette question. Je ne vais pas divulguer le contenu de notre stratégie. Nous avons des plans, mais je n'en donnerai pas les détails tactiques. » J'ai bien fait de ne pas effectuer mon premier stage à l'OTAN ou à l'ONU, ça aurait fait doublon. Il continue : « Si vous voulez me faire dire que les étudiants qui auront de l'alcool avec eux sur la place seront arrêtés, je ne vous le dirai pas. Mais si vous voulez me faire dire qu'ils ne seront pas arrêtés, je ne vous le dirai pas non plus. Et si… » La commissaire de police maugrée : « C'est 35 euros d'amende ! » Il est déjà 17 heures, nous sommes là depuis trois heures. Certains étant venus spécialement de l'autre bout du département, la réunion est levée pour qu'ils puissent rentrer. Il reste deux semaines avant que l'arrêté soit effectif. Le temps de faire passer l'information.

Intermède parisien

18 nov. Parc des expos, porte de Versailles, congrès de l'Association des maires de France. Le secrétaire d'État à l'Emploi, Laurent Wauquiez, et le haut-commissaire aux Solidarités, Martin Hirsch, sont hués par les maires : la suppression de la taxe professionnelle fait craindre pour les ressources financières des collectivités territoriales. Je suis assis avec Bastien et quelques adjoints dans le grand amphithéâtre pour une intervention sur cette réforme. Le maire n'est pas loin, attentif. Autour de moi, l'atmosphère est survoltée. Au milieu du tintamarre, des mots font mouche : « vassalisation ! », « machine à broyer les communes ! », « on veut nous enfumer ! ».

15 h 10 Dans le programme, l'annonce d'une conférence m'apprend qu'à 15 heures, en salle 12, un certain M. Mage présente les activités de son cabinet et ses compétences en matière de communication et de cartographie des activités. Il est donc vivant ! Je cours en salle 12 prendre de ses nouvelles. Le consultant aux avis « putain de tranchés » est bien là. Il explique à l'assistance, avec l'aplomb du meneur d'hommes, qu'il est en train de conduire une mission sur la gouvernance de la ville de Brest. Pour illustrer son propos, il projette le fichier qui a fait son succès au séminaire de direction.

Je vais le saluer à la fin de son exposé, tandis qu'il prospecte à grand renfort de cartes de visite. Je lui demande aussitôt pourquoi il n'a jamais répondu à mes messages : « Un problème de connexion ! Cela fait plusieurs jours que je n'ai pas accès à mes mails et à mon téléphone, m'explique-t-il, en essayant de se mettre entre moi et son PC. J'ai prévenu le service informatique, qui est sur le coup. La note pour vos directeurs était prête depuis le 23 octobre, comme prévu, mais je n'ai pas pu vous l'envoyer. C'est quand même embêtant pour un consultant de ne pas être en contact avec ses clients. — À qui le dites-vous ! Mais puisque votre note est prête, là sur votre ordinateur, et que j'ai une clef USB, vous allez pouvoir me la transférer. — Bonne idée ! Je vous demande juste une minute. Il faut encore que je donne quelques cartes. » Il s'éloigne. Mon téléphone sonne, je réponds en cherchant aussitôt à m'isoler du bruit. La conversation m'accapare à peine deux minutes : c'est Gaëlle qui souhaite annuler notre prochain rendez-vous. Quand je me retourne, il est trop tard, l'homme a disparu. Je me suis fait avoir comme un bleu.

19 h 00 Nombre d'élus présents au congrès montent dans le car d'un fournisseur d'eau. Le groupe les a invités à assister dans sa loge à un match de l'équipe de France de football, au stade de France. Sans doute un échange de bons procédés. Je profite de la soirée pour voir mes amis parisiens.

Le lendemain, je m'envole pour Brest. Bastien est dans le même avion que moi. À l'arrivée, il me demande : « Tu rentres en bus ? Tu veux que je te ramène en voiture ? » Je lui réponds assez naturellement que son assistante a demandé au chauffeur de venir me chercher. Je m'aperçois avec effarement que je n'ai même pas imaginé une seconde prendre le bus. Je dois être sur la voie de la réussite.

Business as usual

23 nov.   La collaboration avec Gaëlle avance diffi-
10 h 00   cilement. Une fois sur deux, elle annule notre rendez-vous hebdomadaire ; le plus souvent, deux minutes avant ; le reste du temps, après que j'ai frappé à sa porte et découvert qu'il n'y avait personne derrière. Aujourd'hui, c'est différent : je suis devant elle et j'essaie de lire dans ses yeux. Elle semble accepter l'idée que je m'assoie. À la suite des entretiens que j'ai menés au sein de la collectivité, je lui remets une note sur l'évaluation des politiques publiques.

14 h 00   Le fournisseur d'eau nous fait faux bond avec son arrogance habituelle. Certes, il dispose d'un savoir-faire et d'infrastructures que la collectivité ne possède pas. Mais comment justifier que ses sbires annulent systématiquement nos rendez-vous après l'heure ? qu'ils occupent le bureau du maire avant

son arrivée comme s'ils étaient en terrain conquis ?
qu'ils ne daignent pas même se lever lorsque ce
dernier vient pour les saluer ? et quand nous bran-
dissons la menace de nous adresser à un autre pres-
tataire, qu'ils ironisent que leur seul concurrent se
fera un plaisir de leur abandonner une ville en
échange ?

Scène de la vie ordinaire

24 nov.   Depuis mon arrivée, j'ai demandé à pouvoir être associé au travail du cabinet, c'est-à-dire
aux affaires politiques. Cela m'a toujours été refusé
car je suis censé me contenter du versant administratif. Qui plus est, en ce moment, le cabinet n'a pas
de directeur officiel. Son successeur, pourtant, est
déjà là depuis mon arrivée. Lorsque j'ai demandé
pourquoi il n'avait pas été officiellement nommé, l'un
de mes collègues m'a répondu : « C'est peut-être qu'il
n'a pas encore été validé en loge. »

19 h 00   Pierre-Alain, un membre du cabinet, passe
une tête dans mon bureau et me propose de
l'accompagner en réunion. Enfin ! Nous nous rendons dans une petite salle où s'agitent les représentants des commerçants de la rue Jean-Jaurès – les
Champs-Élysées locaux. Ils râlent car, sur la place
Jean-Jaurès, le marché de Noël vient d'être installé
et de petites bicoques en bois occupent tout
l'espace, avec autant de stands remplis de babioles
de saison ; ils s'inquiètent car, plus haut, les travaux
du tram rendent la rue impraticable ; ils déses-

pèrent car les deux inconvénients combinés leur font craindre une diminution de la fréquentation de leurs boutiques. Bref, ils aimeraient que la mairie anime l'artère pour la rendre un peu plus attrayante.

20 h 00 La France entière regarde le JT. Pas nous. Nous avons une mission à remplir : il faut sauver la rue Jean-Jaurès. Nous ne serons pas trop de dix. « Pourquoi pas un sapin ? » lance l'un des commerçants. « Très bien, le sapin, vous l'aurez », promet un membre du cabinet du maire. Mais l'atmosphère reste tendue. Car un sapin tout seul, tout nu, c'est triste, c'est moche. Il faut de la décoration, des guirlandes, des lumières qui clignotent, un air de fête, du bonheur qui descend dans la rue, de la joie et des couleurs à la portée des enfants. Tout ça, d'accord. Mais ça ne suffit pas à calmer les esprits. Car les guirlandes ont intérêt à être comme ci, les lampions comme ça. Et la taille du sapin ?

21 h 00 Je décide d'aller au cinéma, mais je dîne avant par précaution, sachant d'expérience qu'on ne sert plus après 22 heures dans les restaurants du coin. On ne va pas non plus beaucoup au cinéma, le soir. L'ouvreur s'attendait manifestement à fermer boutique. Il passe un coup de fil au machiniste : « Il faut rallumer la salle finalement. » Je m'assieds au milieu, seul, parfaitement seul, sans le moindre popcorn en embuscade. Le film commence, mais ma solitude de bobo parisiano-lyonnais me met brusquement mal à l'aise. Je ne peux pas m'empêcher d'observer que mes grandes idées sur le service public et l'abnégation du haut fonctionnaire ont leur limite. Quand un externe quitte la capitale, il file plus souvent vers Roissy que vers les grandes gares qui desservent tant bien que mal le territoire national. Au moment du générique, le vigile s'assoit derrière moi en agitant ses clefs : il est temps de rentrer. Je me sens paumé, comme un Germanopratin perdu en rase campagne.

Police partout, étudiant nulle part

3 déc. C'est le grand soir. L'arrêté préfectoral **12e mois** entre en vigueur, les étudiants alcoolisés n'ont plus le droit de déambuler sur la place de la Liberté. Je m'y rends à 23 heures pour observer le dispositif. Surprise : la place est totalement fermée. Non par les policiers, mais par des barrières protégeant les fameux baraquements du marché de Noël. Un vigile guette. Il est physiquement impossible de se rendre sur la place. Les types de la Croix-Rouge sont frigorifiés, les médiateurs cherchent désespérément un passant. Dans les rues adjacentes, quelques étudiants se sont regroupés dans des bars. Certains sont sortis pour fumer, indifférents à la température extérieure. Je discute avec eux : ils ignoraient l'existence de l'arrêté, mais ils n'auraient jamais eu l'idée d'aller place de la Liberté par un froid pareil. Un ou deux voisins râlent de leur fenêtre, par habitude.

Karine m'appelle : elle est dans la voiture de M. le sous-préfet. Ils sortent tout juste du commissariat où ils ont fait le point sur « la tactique des forces de sécurité ». Ils sont en route vers la place de la prohibition. Je fais remarquer qu'il est inutile de venir :

elle est fermée. Mais, dans le feu de la mission, elle a déjà raccroché. Quelques secondes après, je vois la berline remonter la rue de Siam. La cavalerie arrive. Le chauffeur stoppe la voiture à quelques mètres de moi, le sous-préfet et son disciple descendent : « Ah, ah ! s'exclame-t-il satisfait, c'est une réussite, il n'y a aucun étudiant sur la place. Ils n'ont pas osé venir ! » Et ma camarade de promo de répondre : « Bravo, monsieur le sous-préfet, cela a parfaitement fonctionné. » Ils remontent dans la voiture et quittent le champ de bataille aussi vite qu'ils l'ont investi. À cet instant, sur la place de la Liberté, plongée dans l'obscurité : un vigile, un chien, des petits chalets, un stagiaire de l'ENA et l'impression que le temps s'est arrêté. Il n'y a qu'une chose qui me consolerait : que M. le maire débarque, me tende une flasque de whisky et que nous chantions à tue-tête pour faire mentir la réalité...

7 déc. Le lundi suivant, réunion de bilan. Les mêmes que la première fois, au grand complet. Mme la commissaire prend la parole : « À 23 heures, place de la Liberté, aucun étudiant ; à minuit, place de la Liberté, aucun étudiant ; à 1 heure, place de la Liberté, aucun étudiant. » Le sous-préfet est aux anges. Son plan a fonctionné, son arrêté a été respecté, ses ordres ont été suivis. Certes, l'accès à la place était impossible, mais tout de même, le maire devrait en prendre de la graine. Le représentant de la Croix-Rouge a recensé deux interventions sur plaies faciales dues au verglas mais aucune violence. Trois préservatifs ont été distribués. Sans doute l'effet du froid. Le sous-préfet, enthousiaste, explique qu'il met en place un comité de suivi qui se réunira, avec les mêmes participants, toutes les semaines. Il s'agira aussi d'imaginer d'autres solutions. Les étudiants s'obstinent à expliquer qu'aucun rassemblement n'est prévu le jeudi soir avant le printemps prochain. Parfait, parfait, cela nous laissera plusieurs mois pour réfléchir à des alternatives à l'arrêté préfectoral. Mais une chose est sûre : on peut d'ores et déjà se réjouir que le dispositif initial fonctionne à merveille.

Belphégor

17 déc. Ce bruit de valise, dans le couloir de la mairie ? si près de mon bureau ? Ce ne peut être que lui ! Je quitte des yeux les documents qui s'empilent sur ma table et regarde fixement la porte qui va s'ouvrir d'un instant à l'autre, la poignée qui s'abaisse déjà, l'homme qui entre sans frapper : « Bonjour ! » Mage le consultant fantôme me lance un sourire radieux. Il a à la main une clef USB avec la fameuse note à l'attention des directeurs adjoints. Il n'attend pas que j'aie ouvert le fichier. Il doit prendre le train, rejoindre un client : « Vous savez, je suis très demandé. » Tandis que sa valise s'éloigne, je prends connaissance de son texte. Mage n'a rien compris : il parle de la constitution de son plan de com' comme d'une étape vers un outil d'évaluation, de quoi pétrifier nos directeurs... Marion, la chargée de mission, et moi appelons Bastien pour le lui annoncer. Il est furieux : « Il faut tout réécrire. » La lettre remaniée est envoyée dans la foulée aux directeurs, qui planifieront les réunions entre Mage et leurs équipes.

20 déc. Coup de téléphone de Beyrouth : l'obstinée Adalia, après avoir connu deux fois la liste d'attente, a enfin réussi le concours. J'ai hâte de recueillir ses premières impressions de montagne.

21 déc. Le consultant peu prodigue est de retour. Avant qu'il n'entre dans la salle de réunion, je rappelle à Mage les erreurs de sa note et le prie de s'en tenir à sa mission. Mage pénètre dans l'arène, fait tomber sa veste avec assurance, lance dans un sourire carnassier un bonjour de circonstance et amorce son discours. Dans la première phrase, il savoure son « plan de com' » ; dans la deuxième, il se délecte d'une « évaluation ». Les équipes se braquent : si c'est pour la com' et l'évaluation, autant s'arrêter tout de suite. La réunion est terminée.

J'interpelle Mage dans le couloir et lui exprime notre énervement. Le ton monte : « Olivier, si vous voulez jouer au con, on va jouer au con... Et puisque c'est comme ça, je préfère arrêter. De toute façon, dans cette mission, je n'ai pas eu assez de temps pour travailler correctement. » C'est l'éternelle rengaine. Pour un travail censé être terminé en juin, le consultant se plaint en novembre de n'avoir pas eu assez de journées pour travailler. En huit mois, il a déjà occupé vingt et une journées à 1 200 euros qui n'ont débouché sur rien. Ce type va nous rendre fous. Nous avons rendez-vous le 15 janvier avec le maire pour lui présenter un plan de communication. Nous sommes à la veille de Noël, et il n'y en pas le plus petit à l'horizon.

Mage sort le grand jeu. Il aimerait disposer de quinze jours de mission supplémentaires. Nous lui proposons à contrecœur une solution intermédiaire : sept journées de travail rémunérées, pas une de plus. Dans les jours qui suivent il prend quelques rendez-vous, fait mine d'avancer, irrite toujours en s'écartant de son mandat, mais promet que tout sera prêt dans les temps...

22, v'la le préfet

28 déc. La visite d'inspection approche. Comme à Beyrouth, je dois organiser des rendez-vous avec les différents interlocuteurs avec qui j'ai travaillé et qui pourront parler de moi à l'inspecteur (autrement dit, au directeur des stages). Seulement, ce n'est plus celui avec qui j'avais sympathisé en lui révélant sa réputation de grippe-sou. Cardot, depuis, est reparti en préfecture. Le nouveau s'appelle Strassé. Lui aussi est préfet.

Autour de moi, personne n'a vraiment envie de lui consacrer du temps, mais chacun me promet de dégager quelques minutes pour le recevoir. Lucien, l'un des directeurs, me demande même, avec son franc-parler habituel : « Hé, l'énarque ! Qu'est-ce que je vais lui raconter à ton c... de préfet ? » Quant au maire, lorsque je lui explique brièvement en quoi consistera l'entretien, il me répond : « Ne vous inquiétez pas : je ne vais pas vous casser du sucre sur le dos. D'ailleurs, vous travaillez gratuitement. C'est toujours bon à prendre, n'est-ce pas ? » Voilà une appréciation qui devrait m'assurer quelques points...

30 déc. Karine, l'énarque surinvestie de la préfectorale de Quimper, championne du billard à quatre
bandes, m'appelle avec un brin de nervosité dans
la voix. Nos visites de stage vont être liées pour que
le préfet inspecteur ne vienne pas deux fois dans la
région. Ma camarade s'étrangle : « Vaut-il mieux que
ma visite soit avant ou après la tienne ? Stratégiquement, ne serai-je pas forcément valorisée si je passe
après un stagiaire en collectivité ? » Elle me demande
aussi si je peux lui organiser quelques rendez-vous
avec des représentants de BMO, histoire de pouvoir
dire lors de son inspection qu'elle s'est également
intéressée aux collectivités territoriales. Je lui obtiens
un rendez-vous avec un membre du cabinet.
Quelques jours plus tard, j'apprends qu'elle a profité
de sa venue pour organiser, sans même m'en parler,
une réunion sur les soirées du jeudi dans la salle qui
jouxte mon bureau : je comprends qu'elle veut pouvoir dire à l'inspecteur qu'elle a mené seule cet
important dossier. Vu l'enjeu, je rends les armes.

La remise du plan de communication (enfin)

12 janv. Nous sommes à trois jours de la date pré-
13ᵉ mois vue pour le rendez-vous avec le maire.
Après seize longues semaines rythmées par les
relances téléphoniques incessantes, les apparitions et
les disparitions de notre spécialiste en consultations
gratinées, nous avons fini par obtenir de M. Mage
qu'il nous sorte de son chapeau, non plus de feintes
excuses ou des trésors de mauvaise foi, mais une idée

géniale qui tient en un mot : océan. « C'est évident, explique-t-il, il suffisait d'y penser. L'eau, c'est ce qui distingue Brest de la plupart des autres villes. Donc, nous allons communiquer dessus. — Et les grands axes stratégiques, et le plan de communication ? s'étonne Bastien. — Oui... ça... on verra plus tard. »

Et Mage de prendre sa valise et de repartir vers d'autres aventures. M. le maire pourra bien attendre un peu son plan de communication.

Le Revizor

24 janv. « Mon nœud de cravate est-il bien droit ? »
11 h 00 me demande M. le préfet-directeur des stages sur le tarmac de l'aéroport de Brest. C'est un petit homme replet qui, sous ses cheveux blancs, affiche la mine réjouie du fonctionnaire satisfait. Nous nous saluons poliment, comme deux personnes qui savent que l'une d'elles pense avoir le destin de l'autre entre ses mains.

En chemin vers BMO, mon téléphone sonne. Je demande l'autorisation à M. le préfet de décrocher car l'appel m'intrigue : cela vient de Beyrouth. C'est Thierry. Il m'informe qu'un avion vient de s'abîmer en mer libanaise. À l'intérieur, la femme du nouvel ambassadeur et plusieurs agents de la DGSE. Je raccroche et explique la situation au préfet. Mon téléphone s'agite : François m'appelle, puis Antoine. Le directeur des stages s'étonne : « Je ne comprends pas, vous semblez lié aux gens avec qui vous avez travaillé à Beyrouth alors même que vous n'avez pas été bien noté ? » Je lui avoue ne pas comprendre moi-même. Il me promet de regarder mon dossier de plus près et de me recevoir à Strasbourg pour me donner une explication.

La première épreuve consiste à lui organiser un déjeuner. Bastien est un peu obligé de venir, mais il faut trouver un autre convive. Or personne n'a trop envie de se retrouver face à Strassé, indépendamment de sa personnalité : tous ont une image défavorable des représentants de l'État qui viennent faire un tour dans les collectivités à la manière d'un Revizor. Je défends le bonhomme et parviens à convaincre Étienne, le directeur adjoint au développement économique, de se joindre à nous. Nous avons réservé dans l'un des restaurants chics de Brest, à cinq minutes à pied du bureau. Nous nous y rendrons en voiture. M. le préfet n'aime pas marcher.

À première vue, le restaurant lui plaît. Nous nous dirigeons vers notre table. À peine assis, Strassé interpelle Étienne : « Vous êtes au développement économique, n'est-ce pas ? Eh bien, il faudrait que vous fassiez attention à ne plus dépenser sans compter. Vous, les collectivités territoriales, vous passez votre temps à jeter l'argent par les fenêtres. Après c'est à nous, l'État, de vous renflouer. Mais nous allons bientôt vous serrer la vis ! » J'ai l'impression qu'Étienne va exploser. Par chance, le serveur nous interrompt.

Le reste du déjeuner est à l'avenant : le préfet passe son temps à s'en prendre aux collectivités locales, Bastien et Étienne se contiennent, j'essaie de penser à autre chose. J'aurais dû laisser le préfet manger dans son coin. Il aurait pu éructer tout son soûl sur la dépense des collectivités. Mais ça ne se fait pas. Il y a le protocole. Ne pas oublier que l'homme qui me note à la fin de l'inspection sera peut-être amené à faire appel à moi lorsqu'il accédera à une préfecture ou à un cabinet ministériel. C'est le problème du circuit fermé. L'inspecteur sera préfet demain, chef de cabinet après-demain... Qui sait ? Ménager ses arrières et penser à autre chose lors d'un déjeuner, d'un cours ou d'un entretien auxquels il est de tradition d'assister, ne jamais faire obstacle aux règles qui ont fait les carrières de nos juges et pairs, se glisser dans le courant et se laisser entraîner...

Nous expédions les plats rapidement. L'inspecteur est le seul à prendre un café. Quitte à souffrir dix minutes de plus, nous revenons sur notre décision et en commandons trois autres. Quand vient enfin l'addition, l'homme d'État se lève et quitte la table sans sourciller, laissant la collectivité à ses dépenses. La voiture dépose l'inspecteur quatre cent cinquante mètres plus loin. Nous les parcourons à pied, Bastien, Étienne et moi, en silence, mus par la même irritation.

Durant tout l'après-midi, je présente le préfet à mes différents collègues, de bureau en bureau, me retirant chaque fois avant leur entretien. Christophe, mon collègue polytechnicien, me rejoint devant le bureau de Bastien avec qui discute le directeur des stages. Il est hilare : « Il a essayé de me piéger, ton préfet. Il m'a demandé de lister tes défauts : j'ai fait une pirouette. Ah ces énarques... » Quelques minutes plus tard, le préfet Strassé ressort et nous partons vers le bureau du maire, dernier entretien de l'inspection. En chemin, il me dit : « Le polytechnicien que j'ai vu tout à l'heure, il est vraiment... polytechnicien ! Je veux dire, je ne comprenais pas vraiment ses réponses. Comme s'il esquivait mes questions. Ah ! ces X... »

Nous arrivons devant le bureau du maire. Je crains le pire. Je frappe à la porte, annonce le préfet, le fais entrer et m'éloigne. Quelques minutes plus tard, la porte s'ouvre : le maire raccompagne le directeur des stages, me fait un inhabituel grand sourire et lance : « Allez, Olivier, à ce soir pour la réunion, comme d'habitude. » Je reste bouche bée devant l'animal politique : je n'ai jamais participé à aucune réunion avec lui ! Il ne m'a donc pas lâché, et le préfet a entendu ce qu'il voulait.

17 h 00 Je suis assis dans un bureau de la mairie avec le directeur des stages pour mon entretien de bilan. Dans une vie antérieure, Strassé était sûrement détective. Son sens de la déduction est impressionnant. Le Sherlock Holmes de la fonction publique, c'est lui. Ses discussions avec les membres de la collectivité urbaine lui ont permis de tracer de moi un portrait sans appel : « Je retiens trois enseignements de mes entretiens avec vos référents. » Silence. L'instant est solennel. « Premièrement, on m'a dit que vous travaillez vite. » Nouveau silence. « Vous savez, je ne suis pas dupe. Dans un entretien d'inspection, les gens n'osent pas dire du mal, ils parlent à demi-mot. Sur ce premier point, j'en conclus qu'on a voulu me prévenir que vous alliez trop vite, c'est-à-dire que vous ne réfléchissez pas assez. C'est un problème. » Je ne sais que dire. De toute façon, c'est inutile, M. le préfet n'écouterait pas. Il est lancé. « On m'a également assuré que vous êtes sympathique. Je pense que c'est une façon de m'alerter sur le fait que vous êtes à la limite du joyeux luron un peu potache qui passe dans les bureaux pour plaisanter et qui empêche ses collègues de travailler. » J'arrête de respirer, coi face à tant de perspicacité. « Enfin, M. le maire m'a dit le plus grand bien de votre travail. Il a confiance en vous et m'a annoncé qu'il allait vous confier une nouvelle mission d'importance d'ici à la fin de votre stage. À ce propos, je tiens à vous signaler que même si je vous inspecte un mois avant votre départ, il ne s'agit pas, monsieur Saby, d'imaginer que vous allez pouvoir lever le pied d'ici là. Je vous mets en garde : il n'est pas question de vous relâcher avant la dernière heure. » Les bras m'en tombent.

Nous nous levons. Le directeur des stages doit rejoindre sa prochaine inspection : nous avons rendez-vous place de la Liberté avec Karine qui, de là, le conduira à Quimper. Certains se passent le relais ; entre énarques, nous nous passons le préfet. Tandis que M. Strassé range ses affaires, j'ouvre la porte. Karine est derrière, à l'écoute, l'oreille collée dans le vide ! J'ignore comment elle a réussi à savoir que nous étions dans ce bureau. Surprise, elle se met au garde-à-vous : « Bonjour, monsieur le préfet ! » Quant à moi, je dois être transparent. On se croirait dans un mauvais film. Le directeur des stages s'étonne lui aussi de sa présence. « Je pensais gagner du temps, monsieur le directeur des stages ! » Le décompte est en marche, en effet, jusqu'au classement fatidique.

Splendeur de l'État

26 janv. Ils sont tous là : le sous-préfet de Brest ; le préfet du département du Finistère ; le préfet de la Région des Pays de la Loire, venu tout spécialement de Nantes. Ils se sont déplacés pour examiner l'état d'avancement des travaux d'aménagement du plateau des Capucins. Cette ancienne zone militaire, située en plein centre-ville, est promise à un avenir radieux grâce à un ambitieux programme de réaménagement mêlant logements, bureaux, activités de service et activités culturelles. Bastien m'a proposé de venir. Il me présente au préfet de Région, énarque lui aussi.

En écoutant Bastien lui présenter « son » stagiaire de l'ENA, le préfet de Région est pris d'un doute. Qu'est-ce que je fabrique là, en compagnie du directeur des services de la communauté urbaine ? Il subodore l'erreur de casting. Ça l'intrigue : « Je ne comprends pas, vous êtes affecté auprès du maire, président de Brest métropole océane ? dit-il en fronçant les sourcils. C'est pour compléter votre stage "préfecture" ? — Non, monsieur le préfet, c'est un stage qui remplace le stage "préfecture" et qui s'effectue en collectivité territoriale. — Mais ils ont trouvé des dossiers à vous confier ? Je veux dire, de votre niveau ? »

Bastien est à côté de moi, il ne dit rien mais je devine son agacement. J'insiste : « On m'a confié de très beaux dossiers. Je suis enchanté par mon stage. » M. le préfet n'a pas l'air d'y croire : « J'ai du mal à comprendre... Ça vous intéresse vraiment, la vie dans une collectivité territoriale ? » Il se tourne vers le préfet du département. Un énarque, lui aussi. « Dis donc, tu savais qu'il y avait des stagiaires de l'ENA qui faisaient leur stage dans des collectivités ? »

La réunion commence : BMO présente les avancées du dossier, pour lequel l'État jusqu'à maintenant n'a pas fait grand-chose. « Peut-être pourrions-nous imaginer une meilleure coopération entre nos services ? » Le préfet tape du poing sur la table : « Il faut créer des emplois. » Certes, mais comment ? Pendant qu'on discute, le sous-préfet s'agite : il a une idée. N'ayant pas la parole, il la griffonne sur un papier qu'il fait passer à Bastien. Celui-ci le réceptionne, le lit, puis me le tend effaré : « Pour l'emploi, *quid* de l'ouverture d'un musée des Pompiers ? »

19 fév. Après mon pot de départ, avant de quitter
14ᵉ mois définitivement les lieux, je demande à l'un des vice-présidents, élu depuis plus de trente ans, comment il explique l'attachement au pouvoir, que j'observe déjà si prégnant à l'ENA. « Vous verrez, Olivier, quand on a connu un monde où il ne pleut jamais, on évite de retourner sous les nuages... » Une confession qui prend toute sa force dans cette bruine pénétrante qui me suit jusqu'à la gare.

V

LE VIDE

Chassez le naturel...

22 fév.   Après un court week-end à Paris, direction
14ᵉ mois plein est et les folles aventures strasbourgeoises. Comme dans n'importe quel jeu de société,
il y a une première étape à franchir avant de commencer la partie. À l'ENA, c'est le logement de
courte durée qu'il faut assurer. Par chance, je me
découvre une cousine alsacienne qui m'hébergera
quelque temps. En revanche, pour les trois mois à
venir, j'ai décidé de prendre une colocation avec des
Strasbourgeois. Cela m'aidera à réduire ma rumina-
tion de fin de journée. La partie peut commencer.

Dès la descente du train, je croise Jeanne, une
camarade de promo, dont je connais depuis
Sciences Po les bonnes manières, l'attachement aux
traditions et le côté vieille France. « Je suis dégoûtée
de revenir ici. » Je ne suis pas loin de partager son
désarroi. « Quand j'arrive le lundi, je n'attends qu'une
chose, c'est de repartir le vendredi. » J'ai le même
agenda mental. « Parce que tu vois, Strasbourg me
donne mal au ventre ici. La nourriture alsacienne est

199

infecte. Je suis obligée de faire venir mes plats de Paris. » Je hâte le pas.

Nous arrivons pile à l'heure pour le premier cours de la matinée. Notre intervenant démarre par la formule consacrée, entre autres signes de reconnaissance : « Je suis né administrativement en 1988. » La sortie de l'ENA est une seconde naissance. D'ailleurs, à l'issue de la scolarité, on « intègre un corps ». Le cours est un énième hommage à la Révision générale des politiques publiques. Pesant, à la longue. Pendant la pause déjeuner, je discute avec Aurélien, un jeune premier plein de promesses. Il m'explique qu'il fait partie d'une écurie qui s'entraîne le dimanche pour les épreuves de classement. Un coach les guide depuis l'Inspection générale des finances où ils espèrent entrer. Il me donne un tuyau : « Pour les épreuves individuelles, les externes obtiennent en gros les mêmes notes. Ce qui fait la différence, c'est le sport. La direction truque les notes en fonction de ceux qu'elle veut voir en haut du classement. Il faut donc être bien assidu sinon le trucage est plus compliqué. » Je vois que la partie est déjà bien entamée.

L'après-midi, avant la table ronde, on nous présente Jean-Christophe, un élève de la promotion Zola qui a disparu l'année dernière après un *burn-out* (un terme que nous n'avons cessé d'employer pendant la scolarité tant la crainte commune de craquer était quotidienne). L'École l'a cherché partout. Sans succès. Une enquête de police a été ouverte, et il a été retrouvé à l'étranger, loin de la pression qu'il n'avait pas supportée. Il a finalement rempilé en intégrant notre promo. Des mauvaises langues murmurent qu'il a pris une année sabbatique pour parfaire sa préparation aux épreuves de classement.

Pas de doute, je suis de retour, et certains ont plusieurs tours d'avance.

Base doctrinale

26 fév.   J'ai pu l'observer à Beyrouth, le management n'est pas une spécialité maison. Heureusement, nous disposons depuis aujourd'hui de notre bible en la matière, un pavé de quatre cents pages signé principalement par des énarques et intitulé : « Gestion et management publics » (GMP). La première page donne le ton :

> Le management public progresse dans l'administration publique, quoique lentement. Le discours cependant est de plus en plus performant. [...] Ce manuel tente de répondre à deux types de préoccupations : un besoin de court terme (préparer à une épreuve de gestion et management avec un manuel de référence), un besoin de moyen et long terme (fournir une première base doctrinale et peut-être permettre de définir son style de management).

Vu que je ne connais rien au sujet et qu'un « discours de plus en plus performant » n'est pas sans m'intriguer, je prends le manuel avec moi et en fais mon livre de TGV, d'autant que l'introduction m'a mis en appétit :

> Le management ne suffit plus. Les dirigeants sont appelés à devenir des leaders et à porter une attention toute particulière au facteur humain, du côté des usagers comme de celui des agents publics qu'ils

entraînent. D'une part, ils doivent intégrer l'élan de modernisation voulu par les politiques [...], d'autre part, ils doivent être en mesure d'inculquer à leurs collaborateurs une nouvelle culture administrative. Le manager gère le quotidien ; le leader fabrique de l'avenir.

S'ensuit, en annexe III, une liste de « quelques noms de managers réputés », donnés en exemple :

> Bernard Arnault (LVMH), Claude Bébéar (AXA), Vincent Bolloré, Maurice Lévy (Publicis), François Pinault (Printemps, Redoute, Fnac), Jean-Cyril Spinetta (Air-France KLM), Bill Gates (Microsoft), Jack Welch (General Electric)...

Références très à propos pour de jeunes fonctionnaires en formation. Curieusement, aucun de ces grands managers n'est énarque.

Guerre des moutons

1er mars   Nous votons aujourd'hui, car un article du
15e mois   règlement dispose qu'au bout d'un an les délégués doivent être réélus. Trois des cinq de la première délégation jettent l'éponge. Deux se représentent et cherchent des leaders pour constituer une équipe soudée. Tractations, coups de fil, les jeux sont faits. Mais une liste dissidente contre-attaque au dernier moment. La question n'est pas d'offrir une alternative à la représentation mais de réagir avec force à l'hégémonie supposée des premiers. Toutefois, il suffira de quelques échanges feutrés pour éviter le duel fratricide. La première liste reste seule en lice. Il aurait été trop simple pour les dissidents de participer à la

dynamique de la première ou de proposer un programme différent. Beaucoup de bruit pour rien donc. Mais de belles rencontres : des membres des deux familles ennemies se mettent en couple au tomber du rideau. Décidément, Shakespeare nous manque.

Place à l'imagination

9 mars Rien n'est laissé au hasard. Grâce au règlement, les conditions d'évaluation sont les mêmes pour tous. En témoigne le courriel que nous venons de recevoir, et qui clarifie de manière exemplaire la manière dont l'ordre de passage pour les oraux des épreuves de classement est fixé :

> Bonjour à toutes et à tous, voici le récapitulatif des résultats des deux tirages au sort réalisés, aujourd'hui, par les représentants élus des élèves français et des élèves du cycle international long. Le tirage au sort n° 1 a déterminé l'ordre de passage des groupes par tirage au sort d'un numéro désignant le groupe qui débutera l'épreuve le 11 mai (matin). Il s'agit du groupe 2. Le tirage au sort n° 2 a déterminé l'ordre de passage à l'intérieur des groupes par tirage au sort d'un numéro désignant l'ordre dans lequel le groupe doit être composé. Il s'agit du n° 4. Ainsi, le 4ᵉ élève de chaque groupe devient le 1ᵉʳ élève du groupe, le 5ᵉ élève de chaque groupe devient le 2ᵉ élève du groupe, le 1ᵉʳ élève de chaque groupe devient le 3ᵉ élève du groupe, le 2ᵉ élève de chaque groupe devient le 4ᵉ élève du groupe, le 3ᵉ élève de chaque groupe devient le 5ᵉ élève du groupe.

Qu'on ne vienne pas dire, après coup, que le classement n'est pas conforme à la réalité des compétences et que le premier à comprendre cette douce prose n'a pas tout lieu d'être major. Cela me rappelle d'ailleurs une métaphore entendue dans les couloirs de l'École : « Pour connaître son classement, il faut tirer une boule numérotée dans une urne, comme au loto. Travailler a l'ENA, c'est remuer les boules dans l'urne. » À quoi s'ajoute cet exercice de cryptologie :

> Les délégations ont entériné la proposition de la direction visant à améliorer la transparence de l'attribution des rôles de l'épreuve de classement. Jusqu'à présent, il incombait au 1er élève de chaque groupe de tirer au sort – préalablement à l'épreuve – un numéro (entre 1 et 5) qui déterminait l'attribution de l'un des 5 rôles à chaque élève du groupe, sur la base d'un choix aléatoire réalisé par le service du recrutement et des évaluations. Chaque élève du groupe était informé du rôle qui lui était dévolu sur cette base, 10 mn avant la fin des 2 heures consacrées à la préparation individuelle de l'ensemble des rôles du dossier. Dorénavant, chaque élève sera invité, 10 mn avant la fin de la préparation précitée de 2 heures, à tirer lui-même au sort le rôle qu'il assumera tout au long de l'épreuve de simulation, étant entendu que le 5e et dernier élève du groupe se verra attribuer le rôle restant.

16 mars Installé dans l'amphi Jean Zay, je lis la presse
10 h 00 tant bien que mal. Une archive m'interpelle. Julien Coupat, épicier de Tarnac soupçonné de terrorisme, a écrit de prison à un journaliste de *Charlie Hebdo* : « [...] la menace pour ce régime est d'être englouti dans un éclat de rire ».

19 h 00 Il règne une ambiance inédite dans la salle réservée aux épreuves de classement. D'habitude, les locaux de l'ENA sont des cloîtres. Pas une voix plus haute que l'autre, pas un cri, pas un bruit qui dépasse et vienne troubler le calme ambiant. Aujourd'hui, on entend des rires, des claquements de pieds nus sur le sol, des hurlements étranges, comme si l'établissement avait été envahi par une horde de sauvageons. Il se trouve que nous avons proposé au bureau des élèves d'organiser des cours d'improvisation, une fois par semaine, histoire que nous puissions nous aérer l'esprit, recouvrer le goût de la liberté, réinvestir notre imagination. L'atelier est animé par Marko, un professeur et improvisateur strasbourgeois qu'une amie m'a présenté. Pas moins de quatorze élèves se présentent au premier cours. L'un d'eux nous quitte dès le début, faute de pouvoir se contenter de nous observer.

L'idée maîtresse, et à laquelle Marko a souscrit, c'est d'aller à contre-courant de l'esprit ambiant : pas de compétition, pas question d'organiser des joutes pour nous mesurer entre nous à la manière des matchs mis en place par la ligue d'impro. Les séances doivent être une parenthèse. À en juger par l'énergie et l'enthousiasme des participants, cette initiative était bienvenue. Toutefois, à la fin du cours, nous avons droit à un deuxième abandon, et à une nouvelle version de la psychose du haut fonctionnaire : « Vous risquez de me ressortir des choses durant ma carrière. » Douze, après tout, c'est un bon chiffre pour la scène.

L'éthique du fonctionnaire

22 mars   Force est de constater que notre statut nous donne d'immenses avantages : un accès privilégié à des personnalités, des situations et des missions hors du commun. L'élève énarque a vite conscience du pouvoir qui s'offre et qui va s'offrir à lui. Mais *quid* des contreparties ? Il a fallu attendre un an et trois mois pour que l'École nous parle de nos devoirs, et c'est l'objet de la conférence du jour. Christian Vigouroux, conseiller d'État, bien évidemment ancien élève de l'École, aborde devant nous la question de l'éthique des fonctionnaires : « Il n'existe pas de hauts fonctionnaires mais des fonctionnaires avec de hautes responsabilités », explique-t-il avant de décliner les cinq devoirs qui nous incombent : probité (« attention au conflit d'intérêts et à la corruption »), impartialité (« servez la loi, toujours »), indépendance intellectuelle (« une critique constructive n'est pas une atteinte à l'institution » – je note), discrétion dans l'exécution du service public, clarté du commandement. L'intervention, salutaire, est pour une fois de grande qualité.

Comme c'est assez rare pour être fêté, l'ENA fait suivre la conférence d'un pot à la cafétéria. S'y trouve notamment la directrice de la formation. Alice et moi-même lui exprimons notre reconnaissance qu'une telle conférence ait enfin eu lieu. « Ah bon, ça vous a intéressés ? demande, surprise, notre pédagogue de référence. — Intéressés, oui, et interpellés. Car l'intervention de Christian Vigouroux souligne l'écart qui existe entre les discours et la pratique. Elle entre par exemple en contradiction avec la débauche de moyens qui a entouré le séminaire d'intégration, laquelle a toujours été tue, alors qu'il aurait été simple de l'assumer en annonçant le prix et le fait que l'École le prenait en charge. — Mais, vous savez, HEC dépense beaucoup plus pour son week-end d'intégration. — Ce n'est pas la question. Dire les choses, expliquer que tout a une contrepartie pourrait être un des premiers enseignements à prodiguer aux apprentis gouvernants. Ce n'est pas forcément évident quand on découvre que servir c'est avant tout obtenir. — Vous n'avez pas tort ! Vous savez, quand j'ai quitté la préfectorale pour devenir directrice de la formation, j'ai d'abord eu un choc car on m'a expliqué que j'allais devoir partager un chauffeur avec un autre membre de la direction. Et puis, avec le temps, je m'aperçois que, finalement, on vit quand même bien sans un chauffeur à plein temps. »

Le guide de GMP indique, page 15 : « La situation révèle le chef. Celui-ci a une vision, [...] il est charismatique, il inspire les autres. »

À flux tendu

25 mars   Ce soir, j'ai réussi à dîner sans entendre parler de classement et de chauffeur partagé. J'étais à table avec mes colocataires strasbourgeois. Je ne peux m'empêcher pourtant de replonger en consultant mes mails avant de me coucher. Il faut dire qu'à Strasbourg nous sommes littéralement submergés de messages. Je me donne bonne conscience en n'ouvrant que les trois derniers d'entre eux.

Le premier émane de la direction : « Lors de notre dernier contrôle des présences cette semaine, nous avons eu la surprise de recenser 50 absents sur 81. Étant donné ce constat : nous demandons aux élèves ayant manqué cette séance de bien vouloir fournir un justificatif de leur absence au secrétariat de direction. Merci enfin de noter que nous allons dans les jours à venir procéder à de nombreux contrôles de présences. Les listes seront examinées avec attention par la direction, qui procédera à des convocations individuelles si nécessaire. Nous comptons à l'avenir sur votre collaboration pour éviter que ne se reproduise un tel phénomène, dommageable pour l'image de l'École comme de votre promotion, aux yeux des intervenants extérieurs. » Il s'agit donc d'un problème d'image, et non d'un risque de déficit de formation. Tout va bien. Je peux encore m'endormir.

Le deuxième est envoyé par notre camarade dévot, qui avait obtenu Jérusalem : « Chers tous, l'aumônerie de l'École vous invite à une rencontre dînatoire avec le directeur du CECOS Alsace (Centre d'études et de conservation des œufs et du sperme). Merci de votre présence. » À défaut d'aller en cours, une discussion spermato-théologique me semble appropriée. Mon sommeil est encore sauf.

Le troisième vient de l'administration de l'ENA : « Vous trouverez ci-joint la note technique incluant les conseils d'utilisation du gel hydroalcoolique désinfectant que l'École a mis à votre disposition dans le cadre de la lutte contre la pandémie de la grippe H1N1. Nous vous invitons à lire attentivement la notice et vous rappelons que ce gel ne se substitue aucunement au lavage usuel des mains. » C'est la première fois que je reçois une notice pour l'utilisation d'un tube de gel. J'ouvre consciencieusement le fichier, mais je n'ai pas le temps d'en apprendre le contenu par cœur : un rêve m'entraîne et me jette dans une ronde endiablée où tous les énarques se tiennent par la main, du premier au dernier, avec une joie graduée.

2 avril En quittant l'École et avant de rejoindre
16ᵉ mois la gare, je passe emprunter quelques livres
à la bibliothèque. Plusieurs de mes camarades y sont
affairés. J'ai devant moi le « groupe de fichage du
manuel de GMP », qui synthétise stratégiquement,
surligne abondamment et récite mécaniquement les
passages les plus remarquables. Mon retard est irrattrapable ! Par chance, le Graal est dans mon sac et
j'ai deux heures à tuer. Une fois installé dans le train,
j'attaque la partie II, A. « La gestion des hommes »,
fiche « La gestion du temps personnel », p. 68 :

> La gestion du temps est une conquête quotidienne perpétuelle sur soi et sur les autres. Le manager doit affronter et gérer deux temps différents, le sien propre, et celui du projet. Les deux rétroagissent fréquemment. [...] Les erreurs basiques à éviter : 1. Ne pas tenir à jour ses rendez-vous ; 2. Dire oui lorsque l'emploi du temps est surchargé ; 3. Ne pas écrire ce qui est à faire ; 4. Improviser ; 5. Partir sans prendre le temps de vérifier que l'on a toutes ses affaires.

Ébloui, je pose les yeux, songeur, sur le paysage
qui défile. J'entends Alice à côté de moi chuchoter : « Heureusement que ça ne sort pas dans le
Canard ! »

6 avril Après la séance d'impro, nous nous retrouvons avec Marko pour faire le point sur le cours. Il
a l'air contrarié. Notre groupe est sympathique, le
travail est intéressant, mais certains lui ont demandé
d'organiser quand même des matchs pour pouvoir

s'affronter et être classés. Ils lui ont aussi demandé s'il pouvait mettre sur pied des entretiens individuels afin de fixer des objectifs de progression...

13 avril   Je discute avec un membre de la direction, préfet de son état, de la situation d'une élève, mère de famille, qui, de retour du bout du monde après cinq mois d'absence, a vu son stage déboucher sur une séparation douloureuse d'avec le père de ses enfants. Sa position est sans appel : « Vous savez, Olivier, si elle ne sait pas conserver intacte sa structure familiale, une élève de l'ENA ne mérite pas d'intégrer les grands corps. Après un tel choc, cette fille échouera sans doute aux prochaines épreuves et chutera dans le classement. C'est ainsi, et c'est tant mieux. Nous avons besoin de gens capables de tout mener de front. » Mais alors, poussons la logique jusqu'au bout : « Si l'École tient absolument à pratiquer une sélection darwinienne et à abandonner les plus fragiles, pourquoi les titulariser et les propulser ensuite à la tête d'une équipe de plusieurs personnes, avec tous les risques humains que cela comporte ? — On a toujours procédé ainsi. » Un argument éculé qui semble avoir force de loi.

Efforts bilatéraux

15 avril   Je dévale l'escalier de mon immeuble et me jette dans les rues vides de Strasbourg. Le jour vient de se lever. C'est l'heure de mon footing matinal. En passant par la place Broglie, je reconnais de loin le visage de Nalia qui marche, déambule ou, plus exactement, tourne en rond. Je m'approche, lui dis bonjour et lui demande si tout va bien : « Oui, ça va, ça va. Je marche pour déstresser, lâche-t-elle dans un soupir. Avec les épreuves de classement qui arrivent dans quelques semaines, je n'arrive pas à dormir. Et les tranquillisants ne me font plus rien. » Elle a appris tout ce qu'elle pouvait apprendre, elle connaît les corrigés des épreuves par cœur, elle a même repris ses cours de Prép'ENA pour apaiser ses angoisses. Elle marche pour évacuer, elle se dépense comme ces jouets mécaniques qui bougent jusqu'à ce que leurs dernières énergies aient disparu. Sur les quatre-vingt-un élèves de la promo, une trentaine travaille dur, une autre a lâché prise (pour certains depuis le séminaire d'intégration), la vingtaine restante lutte contre les tiraillements de la mauvaise conscience en fournissant des efforts inégaux. Je suis de ceux-là.

20 avril   Lors de sa visite d'inspection à Brest, le nouveau directeur des stages avait promis d'étudier mon cas et de m'expliquer ma note libanaise. J'ai donc sollicité un rendez-vous dès mon retour. Nous y sommes. Nous nous saluons, puis en venons aux faits : « Comment avez-vous pu écrire ce que vous avez écrit ? Enfin… Tout de même… Il y a des codes, des usages. Vous savez bien qu'on ne dit pas dans un rapport de l'ENA que l'ambassade de France ressemble à un hôpital psychiatrique. » Je réplique que la phrase n'était pas de moi mais d'éminents membres de l'ambassade. Je déplore en outre que les codes et les usages ne fassent pas partie des consignes qui nous avaient été envoyées et que j'ai imprimées. Je les lui tends et lui demande ce qu'il y lit :

> Le rapport ne se limitera pas à un récapitulatif des travaux effectués, ni à une description de la structure où vous étiez affecté. Il relate les conclusions et analyses tant professionnelles que personnelles tirées par l'élève. Il s'agit donc d'un regard personnel sur une expérience par définition non transposable et non pas d'un document administratif. Les réflexions, interrogations et conclusions que l'élève a pu tirer des sujets qu'il a eu à traiter constituent bien évidemment la partie la plus intéressante et la plus importante de ce rapport.

Le préfet me regarde, baisse les yeux, se tord les mains, relit le papier, me reregarde, et éructe, visiblement irrité d'être pris en défaut : « Enfin, vous savez bien ce que c'est. Ça, ce sont les consignes officielles. » Nous nous séparons, campés sur nos positions. Quelques heures plus tard, la solution arrive par courriel, dans la boîte de tous les élèves. Changement de consignes pour le prochain stage :

> Le rapport ne se limitera pas à un récapitulatif des travaux effectués, ni à une description de la structure où vous étiez affecté. Vous tirerez profit à cette fin des dossiers que vous aurez traités et des actions que vous aurez menées en y apportant une réflexion personnelle.

La vie continue

23 avril Dans le train Strasbourg-Paris. Moment de recueillement, de méditation et d'épanouissement. J'ouvre mon guide de GMP à l'endroit de mon marque-page. Partie II, B. « La gestion des ressources humaines », fiche « Les points clefs de la motivation », p. 122 :

> Il existe différents critères d'épanouissement : 1. Quotidiennement, je peux faire ce que je sais faire le mieux. 2. Dans l'année écoulée, j'ai appris et évolué dans mon travail. 3. J'ai un(e) très bon(ne) ami(e) au travail.

En arrivant gare de l'Est, je croise un camarade de la promotion Zola qui vient tout juste de prendre son poste au ministère des Affaires sociales. Encore plein d'énergie positive, je lui demande s'il est heureux – j'aurais dû dire « épanoui ». Lui-même, passablement envoûté, se lance dans une tirade interminable : « Je ne peux pas être plus satisfait, étant donné que je suis au cœur de la mise en place d'une politique publique, à l'interface entre un cabinet ministériel et une direction générale du ministère, soit une position matricielle dans laquelle j'inclus d'ailleurs les représentants de la société civile. » Il connaît son évangile. J'imagine que s'il s'ennuyait à mourir la réponse serait la même, formatée GMP. Quant à moi, l'endoctrinement me guette.

28 avril   Aujourd'hui, nos camarades étrangers reprennent leur liberté. Il y a une joie communicative dans leurs rangs. En partie parce qu'ils reçoivent leur précieux diplôme (à défaut du titre d'« ancien élève de l'ENA »). En partie parce qu'ils s'en vont. La remise a lieu dans l'amphi Debré. Notre délégation leur adresse un message d'amitié. Un représentant du conseil d'administration de l'École prend ensuite la parole, mais au lieu de louer les échanges internationaux, de remercier les étudiants de leur venue ou de les féliciter pour leur parcours exemplaire, comme on pourrait s'y attendre dans ce cas précis, son propos est tout entier tourné vers le Conseil d'État : « Nous travaillons à un meilleur accès au droit et avons développé depuis plusieurs années avec succès le site Web Legifrance qui comprend notamment le recueil de tous les textes législatifs et réglementaires... » Nous nous regardons, les yeux à demi clos, discrètement interrogateurs. Quand il conclut : « En cette période de révision générale des politiques publiques... » tout le monde a déjà décroché.

4 mai
17ᵉ mois   Le cours d'improvisation est déserté. Nous ne sommes plus que trois sur les douze participants habituels. L'absence de matchs aurait-elle eu raison de leur motivation ? Je passe des coups de fil. Il ne s'agit pas d'un abandon : il y a une épreuve de classement la semaine prochaine, tout le monde révise. Mais quoi ? Nos intervenants ne nous ont rien donné à lire, ni à apprendre, et personne n'est capable de nous dire sur quels éléments nous serons notés... Je fais un tour à la bibliothèque en espérant glaner quelques informations. J'y surprends Benoît, un externe au sourire ravageur et satisfait, affairé sur une table avec des tas de surligneurs et de fiches bristol. Je lui demande ce qu'il révise : « C'est bien simple, j'apprends par cœur. — Oui, mais quoi, exactement ? — Tout ce qui me tombe sous la main. » Le contenu des rares polycopiés qu'on nous a fournis. Mais aussi les titres des chapitres, et les sous-titres, et les sous-sous-titres. Tout ça dans l'ordre. Si le polycopié mentionnait un numéro

ISBN, le nom d'un imprimeur et une adresse d'éditeur, il les apprendrait aussi. Rien ne doit échapper à son cerveau-scanner.

7 mai   Strasbourg-Paris. La SNCF vient de m'envoyer un courrier : je passe du statut de « grand voyageur » à celui de « très grand voyageur ». Cela en dit long sur ma stabilité personnelle : je passe mon temps dans le train. C'est d'ailleurs le seul endroit où je parviens à lire le guide de GMP. Autant dire que j'avance. Partie II, B. « La gestion des ressources humaines », fiche « L'évaluation, l'entretien individuel, la responsabilisation », p. 133 :

> Pour l'entretien annuel, éviter le style interrogatoire de police, conserver un ton neutre. [...] Il faut savoir aller plus loin en rebondissant sur les phrases de l'agent : par exemple, si l'agent dit « ce travail m'a laissé interrogatif, je suis déçu », il est possible de le relancer sans difficulté : « déçu, c'est-à-dire ? »

11 mai   Encore une énième note de synthèse à rédiger en six heures. Entre le dossier de cent pages à lire puis à résumer et le sandwich à avaler au lance-pierres, je ne sais pas ce qui est le plus difficile à digérer.

12 mai   Plus que dix jours d'attente avant le stage Entreprise : neuf semaines d'immersion dans le monde du privé. Bien sûr, la logique administrative veut que nous ne commencions pas en début de mois : c'est la fameuse règle du loyer intermédiaire. La plupart d'entre nous sont affectés à Paris. Certains, comme moi, y ont déjà un pied-à-terre. D'autres non. Dans les couloirs de l'École, une camarade d'une promo antérieure me donne un tuyau (sa délégation l'avait diffusé par courriel à son époque) : « Envoie un message dès maintenant à la direction des stages en leur disant que tu n'as plus d'appartement à Paris, que tu habites désormais chez ton père, à Lyon. Comme ça, tu toucheras la prime de logement ! » Quand j'en parle autour de moi, il apparaît que la combine est connue. Appuyés par des amis de la délégation, nous en touchons un mot au directeur des stages, au détour d'un couloir et alors qu'il s'apprête à rentrer chez lui : « Oui, effectivement, mais c'est ainsi depuis toujours. Déjà à mon époque. — Mais pourquoi ne revenez-vous pas sur cette pratique ? Vous seriez dans votre rôle. — Hum, c'est vrai, je suis en quelque sorte garant des deniers publics. » Il nous regarde, pressé de s'en aller. Nous concluons : « Merci, monsieur le directeur. C'est juste qu'un ami du *Canard* nous a appelé pour en savoir un peu plus. Mais si c'est la tradition, il n'y a rien à dire. À bientôt. » Un peu décontenancé, le directeur s'éloigne, ralentit, se retourne et regagne son bureau. Quelques minutes plus tard, nous sommes en copie d'un courriel adressé à plusieurs camarades de notre promotion :

> En réponse à votre notification de changement d'adresse précédant le stage Entreprise, j'ai décidé de mettre fin aux changements de résidence fictifs enregistrés jusqu'alors afin de bénéficier d'indemnités particulières durant le stage. C'est pourquoi je ne peux prendre en considération votre demande de modification de résidence, sauf pour vous à me faire parvenir des éléments précis sur un changement éventuel de votre situation personnelle entraînant des charges spé-

cifiques pour vous loger sur votre lieu d'affectation en stage « Entreprise ». Dans cette hypothèse, un justificatif de ces charges vous sera demandé.

Voilà pour les deniers. Pour la pédagogie, repassez.

14 mai   Train n° 2065, très grand voyageur en formation. Partie II, B. « La gestion des ressources humaines », fiche « La formation », p. 153 :

> Le management du capital humain peut être représenté par la formule : capital-savoir = internet + management des connaissances + systèmes d'information des ressources humaines.

Confusions

18 mai   Aujourd'hui, épreuve à rallonge. Enfermés à six dans une salle de classe, avec interdiction de parler, nous ouvrons chacun une enveloppe contenant un dossier à étudier. S'y trouve notamment la fonction du personnage que nous allons devoir interpréter : je serai secrétaire général de préfecture. Mais le dossier n'a ni queue ni tête.

Pour commencer, il nous est demandé de préparer une réunion préfectorale avec le maire local pour la construction *dans deux ans* d'un nouveau centre commercial. Jusque-là tout va bien. Sauf qu'au milieu du dossier le centre commercial devient une patinoire, et qu'à la fin il est indiqué que les magasins sont ouverts *depuis deux ans* et que l'épreuve consiste à en envisager leur rénovation. L'un de mes camarades note les incohérences sur un bout de papier qu'il fait passer aux surveillants. (C'est le canal de transmission autorisé par le règlement.) L'un d'eux sort porter la missive au président du jury. Un quart d'heure plus tard, il revient et inscrit la réponse au tableau : « Il y a bien des erreurs dans votre dossier d'épreuve. Faites comme s'il s'agissait d'une patinoire non encore construite. » Sauf que les deux heures sont écoulées : nous devons poser les documents et nous lever immédiatement. Les instructions sont formelles.

Les surveillants nous accompagnent sans un mot en « salle d'attente ». Là, le silence est toujours de règle, car nous devons commencer l'épreuve sans connaître nos rôles respectifs. Douze minutes s'écouleront durant lesquelles nous nous regarderons en chiens de faïence. « Le temps d'attente doit être le même pour tous », ordonnent les instructions. Au terme de ce délai incompressible, nous nous rendons dans la salle du jury, où nous nous asseyons selon un plan de table précis, révélant aux autres les fonctions qui nous ont été attribuées. La réunion dure vingt minutes et chacun tient son rôle avec la hauteur qui lui sied. La patinoire surgira bien là où le centre commercial aura été rénové ! Personne n'y comprend rien mais le jury a l'air satisfait. D'ailleurs, le minuteur retentit. La deuxième étape de l'épreuve est terminée.

Nous regagnons la première salle. Chacun, à présent, doit en une heure de temps écrire un compte rendu de la réunion qui vient de se dérouler. Nous en retranscrivons scrupuleusement l'incohérence. En sortant, l'un de mes camarades, excédé par l'indigence de l'épreuve, suggère que nous en appelions à la juridiction administrative. Un délégué alpagué nous explique que c'est également arrivé dans d'autres groupes : « Quand j'ai parlé au directeur de la menace des recours, il m'a dit : "On les attend vos camarades. Mais cela sera très mauvais pour leur carrière." Autant dire que… »

Le soir même, pour décompresser et fêter le départ en stage, nous nous retrouvons aux Mésanges, l'appartement de la place Broglie. Je suis venu avec une petite caméra pour graver dans le marbre l'une de ces soirées qui ont ponctué notre scolarité. Comme je m'approche de Patrick, le « potentiellement préfet », et lui demande de dire quelques mots, l'un des membres de la promotion vient droit sur lui et l'écarte apeuré de la caméra : « Fais gaffe à ce que tu dis ! On va te le ressortir quand tu seras nommé ministre. »

21 mai   Je monte sans conviction dans la voiture 7 du salon de lecture n° 2065 pour Paris. La partie II, B. « La gestion des ressources humaines », fiche « L'innovation », p. 156, m'attend :

> Il y a des talents repérables qu'il faut garder et gérer spécialement dans un service, en appliquant les règles de bon sens : […] Vous pouvez accorder la liberté (vestimentaire, d'horaire et de lieu) à certains « créatifs ». *Cf.* les recommandations d'un ministre des Finances recommandant une tenue plus décontractée le vendredi, il y a quelques années.

C'est bien connu, le « *casual Friday* » a été inventé par un ministre français. Et ce n'est pas noté, parce que c'est évident, mais il était sûrement énarque. Je referme le guide, parfaitement préparé pour mon stage « Entreprise ».

VI

LA TRÊVE

« Darty et frères, bonjour ! »

25 mai   Après Beyrouth et Brest : Bondy ! Et
17ᵉ mois   demain ? La botte ? Bercy ? Beauvau ?
« Ne pas se fier aux signes ! » dirait sagement mon
guide de GMP. En attendant, après l'étranger et la
province hexagonale, me voici en grande banlieue
française. J'avais demandé à effectuer mon stage
« Entreprise » dans un groupe de médias. L'École
m'expédie chez Darty. C'est vrai qu'on y vend des
télés.

Bondy, c'est de l'autre côté du périphérique, dans
la banlieue nord-est de Paris. Loin des tours du
CAC 40, à la Défense, où gravitent certains de nos
camarades de promotion, et où beaucoup auraient
aimé aller. Quelques élèves d'ailleurs se plaignent de
leur affectation, voire se sentent sacrifiés. L'un d'eux
dit avoir obtenu « Kaboul », comprendre Rungis,
quand un autre grince parce que l'entreprise où il a
été envoyé est inconnue du grand public.

Le stage dure deux mois. À son terme, nous
devrons rédiger un rapport mettant l'accent sur « les

223

meilleures pratiques du secteur privé dont devrait s'inspirer l'administration ». Nous sommes donc envoyés en mission au cœur de la direction générale de grandes sociétés. Les PME, qui ne disposent pas de gros moyens, nous accueilleraient peut-être volontiers, mais pourrions-nous nous en contenter ? Sans compter que les grandes entreprises sont truffées d'anciens élèves de l'École, ce qui rend la cooptation plus facile.

Après une bonne heure de métro et de RER, je me présente à l'accueil. J'avais appelé la veille pour annoncer mon arrivée. « Les Établissements Darty et frères » m'avaient répondu par la voix de leur standardiste, et le rendez-vous avait été rapidement pris. Les trois frères fondateurs sont visiblement restés des figures tutélaires bien après la vente de leur entreprise à un groupe britannique. J'imaginais un hall d'entrée imposant, une armada d'hôtesses élancées, des écrans dans tous les coins et des logos à la gloire de l'entreprise. Le siège social est installé dans un préfabriqué sans prétention, le hall est minuscule et meublé d'un simple canapé encombré de cartons vides. La diffusion d'un match de foot sur un tout petit écran mural trompe l'ennui d'un vigile désœuvré. En attendant qu'on vienne me chercher, je sors jeter un œil sur les environs. Le décor est sordide : des bâtiments industriels, des baraques de fortune occupées par des gens du voyage en bordure du canal de l'Ourcq, des petits pavillons défraîchis envahis par les herbes, sous un ciel gris et lourd…

À peine revenu dans le hall, le gardien m'invite à monter à l'étage. Mon maître de stage s'y trouve. Derrière ses grosses lunettes, deux yeux futés qui font du bien : « Bernard ! » lâche-t-il en me serrant la main. Au sein du comité exécutif de l'entreprise il est directeur des opérations. Bernard a l'esprit maison. Sur ses étagères, des modèles réduits des fameuses camionnettes de livraison sont soigneusement rangés. Sur un mur, une affiche rappelle les engagements de Darty en faveur de la diversité. Au fil de la conversation, je crois comprendre qu'il est passé par l'ENA, lui aussi. En réalité, il a étudié à l'École des postes et télécommunications qui formait les hauts fonctionnaires de la Poste et des Télécoms. Quand l'École a fermé, ses anciens élèves ont été rattachés au corps des administrateurs civils de l'ENA. En d'autres termes, il est énarque sans vraiment l'être. Une sorte de cousin éloigné, pas tout à fait de la famille, pas complètement étranger non plus.

Bernard aimerait me confier une mission concernant la fiscalité. L'année dernière, Darty a dû s'acquitter d'une nouvelle taxe corsée spécifique à la grande distribution. Il y a sûrement moyen d'alléger le poids de cet impôt qui ampute le bénéfice de l'entreprise. À ses yeux, c'est le job idéal pour l'énarque que je suis. Il me suffit de donner quelques coups de téléphone bien sentis à mes « relais à Matignon ou à l'Assemblée », et le tour est joué. Je refuse poliment. D'abord, je ne suis pas compétent en la matière. Ensuite, mes réseaux ne sont pas aussi étendus qu'il le pense. Bernard n'insiste pas et avec beaucoup de bienveillance imagine une mission plus en accord avec mon statut et mes compétences. Il me propose de travailler avec lui sur l'amélioration du fonctionnement des centres d'appels destinés aux clients et de me pencher sur le statut fiscal de la Darty Box.

Je demande alors à pouvoir découvrir de l'intérieur le fonctionnement de l'entreprise. Par chance, ici, ça n'est pas pris pour du tourisme. « Excellente idée ! » Bernard va m'organiser une immersion complète dans l'univers Darty. Vente en magasin, livraison, service après-vente : en une semaine, je m'efforcerai de connaître les différentes étapes de la relation avec le client. Des notes de synthèse aux notices techniques, la distance n'est pas si grande.

Plate-forme SAV (Montparnasse)

26 mai Chemise blanche, gilet rouge, logo de l'entreprise sur la poitrine, j'embauche à 9 heures dans le service après-vente de Paris-Montparnasse. Les salariés me serrent la main comme si j'étais de la maison. On ne me pose pas de questions. On me présente mon coéquipier, Joaquim, un technicien après-vente de vingt-huit ans, frêle et longiligne mais à la poignée de main franche, aux manières directes, à l'assurance froide du professionnel compétent. Je vais le suivre toute la journée. Il est passé sur la plate-forme pour récupérer son planning et les pièces de rechange dont il aura besoin aujourd'hui, il repart avec un énarque incapable de changer une ampoule. Je risque de l'encombrer mais il s'en moque, il connaît son métier. D'habitude, le technicien de chez Darty travaille en solitaire. Un peu de compagnie à bord de la Kangoo jaune et bleu n'est pas pour lui déplaire.

10 h 00   Notre feuille de route nous conduit d'abord place d'Italie, chez une femme âgée, seule, qui nous ouvre sa porte avec un sourire de béatitude. Le technicien entre en sauveur. Mission de pure routine : changer le filtre de la machine à laver. C'est l'affaire de trois minutes. La cliente est aux anges : elle nous donne à chacun un billet de cinq euros. Au passage, j'apprends que le pourboire est essentiel. Pour Joaquim, un client qui n'en donne pas n'est pas un client radin, c'est un client insatisfait. C'est pire. Et dans ces cas-là, Joaquim gamberge et se demande en quoi il a démérité. L'absence de pourboire n'est pas seulement une sanction professionnelle, elle le remet en question.

10 h 30   Le client suivant vit seul, lui aussi, dans un appartement minuscule bourré de DVD empilés du sol au plafond. Sur les murs, des aquarelles le représentent en compagnie de son chien. Encore un problème de filtre. « Avant », l'homme l'aurait changé lui-même. Mais il y a eu cette maladie, et avec elle ce maudit tremblement qui l'a obligé à abandonner son métier de coiffeur. Joaquim, plié en quatre, répare, écoute, compatit. Le client est atteint de légionellose. Il est en procès avec l'office HLM, et reste persuadé que c'est une histoire de canalisations. Joaquim hoche la tête. Il l'écouterait bien davantage, mais il a d'autres clients. Le planning de la journée est serré : six ou sept visites nous attendent, dont certaines peuvent prendre plus d'une heure.

11 h 30   Changement de quartier, changement d'ambiance. La porte de l'appartement s'ouvre sur un nuage de fumée en suspension et une odeur de tabac qui semble avoir imprégné les murs. L'air est irrespirable. La petite dame à l'air revêche doit fumer sans discontinuer. Dans le salon encombré, son mari semble dormir devant la télévision, s'il n'est pas mort d'asphyxie. Gauloises, peut-être, ou Gitanes maïs. Elle nous toise et marmonne : « Eh bien, cette fois, vous êtes venus à deux », avant de nous conduire jusqu'à la salle de bains. Raymond, en fait, ne dort pas. Ses petits yeux sont ouverts. Il est absorbé par l'écran. Ses pantoufles pendouillent à l'extrémité de ses orteils. Il est bientôt midi, c'est l'heure des jeux télévisés qui aident à patienter jusqu'aux infos. Le sèche-linge est capricieux. C'est la troisième visite d'un technicien en un mois. Personne n'a réussi à remettre la machine sur les rails. Il faut dire qu'elle aura bientôt vingt ans. Peut-être serait-ce plus simple d'en acheter une neuve. Mais nous ne sommes pas vendeurs, juste spécialistes de l'après-vente.

Joaquim comprend vite l'origine de la panne. Les gars qui sont passés avant lui ont commis une erreur. Sûrement des techniciens de niveau 1, des débutants qui n'ont pas su identifier la cause de la défaillance. Lui est technicien de niveau 3. Il devrait sortir vainqueur de la confrontation. Il en profite pour me montrer l'intérieur de la bête et donner quelques explications. Il a l'esprit pédagogue et partageur. Mais on n'y voit rien, l'odeur de tabac est nauséeuse et la cliente, derrière nous, bat du pied.

Le lave-linge est relié à une prise murale située de l'autre côté d'une porte condamnée. Comme Joaquim ne peut pas quitter son poste, occupé à une manœuvre délicate, je me colle au branchage, débranchage. C'est le moment d'apporter la preuve de ma polyvalence. Je vais jusqu'au salon, je débranche, j'attends les instructions, je rebranche. Entre les manœuvres, la petite dame commente, lève les yeux au ciel et tire comme une névrosée sur sa cigarette. Je sens qu'elle se demande pourquoi Darty m'a engagé : « Mais, en fait, vous ne servez à rien, vous ! — C'est pire que ça, madame : je ne sais rien faire, absolument rien. » Je tempère en précisant que je suis élève de l'ENA, en stage auprès de la direction générale de Darty. Elle n'en revient pas et appelle Raymond qui se risque jusqu'à nous en traînant des pantoufles : « Franchement, s'ils ne sont pas cons chez Darty ! Non seulement ils viennent à deux, mais en plus ils nous envoient un con d'énarque ! Tu m'étonnes que ça ne marche pas après… » Heureusement, Joaquim fait des miracles. En prime, il lui répare son frigo, bien qu'il vienne de la concurrence. Pour rien, pour l'amour du métier et la beauté du geste – même pas pour le pourboire, qui ne tombera pas.

En remontant dans la Kangoo, Joaquim me regarde et me dit avec une sincérité déconcertante : « Tu sais, je crois que je fais le plus beau métier du monde. » Il passe ses journées entre les bouchons et les problèmes techniques, dépanne bien souvent des râleurs, des mesquins, des grippe-sous, le tout pour 1 100 euros par mois et quelque 400 euros en moyenne de pourboire ; le midi, il s'arrête en double file, avale un sandwich et repart sans attendre. Oui, il aime son métier. Et, par-dessus tout, la satisfaction qu'il a de pouvoir rendre service. Nous sillonnons Paris, bras aux fenêtres, visages au vent, heureux d'aller au-devant des clients en détresse comme deux chevaliers errants.

Plate-forme de livraison
(Mitry, banlieue parisienne)

27 mai   Après le SAV, la livraison. La journée commence aux portes d'un vaste entrepôt perdu au cœur d'une froide zone industrielle. À 7 heures précises la tournée démarre. Mon équipier du jour, Kevin, est un ancien rugbyman amateur d'une trentaine d'années. Tout le contraire de Joaquim. Le premier ressemble à un oiseau tombé du nid, lui à un lion blessé rangé des combats. Son travail consiste à monter des frigos, des écrans plats ou des fours à micro-ondes chez les clients, puis à repartir avec l'ancien matériel. Un rendez-vous ne dure jamais très long-temps, à la différence du service après-vente. Nous sonnons, saluons, observons les lieux, entrons avec le matériel en jouant des épaules, l'installons, merci et au revoir, le tout avec le sourire, jusqu'au pour-boire.

Afin de me rendre utile, je passe les coups de fil depuis la camionnette et annonce notre arrivée. Kevin est comme Joaquim : il apprécie son travail, surtout le sourire du client quand il sort l'écran plasma de son carton et l'installe au milieu du salon. Parfois, les rencontres sont inattendues. L'un de ses collègues se souviendra toujours de cette « déesse » qui, il y a des années, lui avait ouvert la porte en petite tenue et lui avait glissé son numéro de téléphone dans un frôlement. Ce jour-là, le confrère n'avait pas chômé. À 13 heures, il avait terminé sa journée et s'était dépêché de l'appeler. Le reste appartient à la légende.

Mais la vie n'est pas toujours souriante. Kevin connaît aussi les galères, les angoisses et les tournées en milieu hostile. Dans certains coins de banlieue, la camionnette banalisée s'impose. Pas question de circuler à bord d'un véhicule estampillé Darty. Trop dangereux, Kevin risquerait de le retrouver vidé de son contenu en sortant de chez le client. Si le quartier est vraiment très chaud, il a pour instruction de livrer tôt le matin, entre six et huit, quand les voleurs dorment encore. Dans certaines banlieues, il n'y a même pas d'autre choix que de déposer le matériel au commissariat du coin, transformé en relais-colis.

Comme hier, mon équipier souhaite partager les pourboires. Je propose donc que nous pariions avant chaque visite sur le profil du (ou de la) client(e) qui va nous ouvrir. Nous disposons de quelques indices : le prénom, le quartier, la voix au téléphone. Je me lance. La prochaine est une certaine Dorothée. J'appelle, et je juge : « Acariâtre en robe de chambre. — Tenu. — Bigoudis. — Tenu. » Manque de flair, elle est charmante… Kevin gagne chaque fois. Lorsqu'il appuie sur la sonnette, il me regarde en coin, sûr de son intuition, toujours vérifiée.

Visite après visite, la population parisienne montre quelques-uns de ses visages. En deux jours, j'aurai vu un grand bourgeois, un responsable Emmaüs, une petite étudiante timide, un Jeff Albertson, un geek désargenté, un fêtard ensommeillé ; solitaires, pressés, bavards, muets, généreux, avares, joviaux ou hystériques. Autant de personnalités singulières qui, toutes à leur manière, sauvent la journée de la routine.

Magasin Darty
(cours de Vincennes, Paris 20ᵉ)

28-29 mai Il reste une dernière étape : me familiariser avec le quotidien du vendeur en magasin. Bernard m'a affecté près de chez moi, dans le 12ᵉ arrondissement. L'ENA m'aurait sûrement expédié à l'autre bout de Paris, après m'avoir demandé mon adresse, en prétextant que « ça a toujours été comme ça ». Je note pour mon rapport : « Chez Darty, priorité au bon sens. »

Je débarque ce matin-là en pleine réunion d'objectifs commerciaux animée par le directeur du magasin. Une nouvelle tablette vient d'être livrée. Le but est d'en écouler le plus possible. Ici, la logique est sans ambiguïté : il faut vendre, vendre et vendre. L'image de Darty s'est construite sur son savoir-faire en matière de service après-vente, mais les magasins sont branchés en permanence sur la courbe du chiffre d'affaires. Plusieurs fois par jour, les vendeurs jettent un œil aux statistiques affichées sur leur écran d'ordinateur pour se situer par rapport aux autres magasins. Un bon client est un client qui repart avec un produit, voire plusieurs.

La direction m'a présenté sans entrer dans les détails. Les employés s'imaginent que j'ai vocation à être embauché. Comme je ne connais rien aux produits, on m'a placé en binôme avec Angela, un petit bout de femme plein d'énergie et de bagou, spécialisée dans les clients indécis. Une vraie machine de guerre économique. Angela s'occupe notamment du petit électroménager. Je me mets légèrement en retrait pour admirer le travail. Quiconque met le pied dans son rayon repart avec un aspirateur et des sacs de rechange. Il faut dire que la commission se fait surtout sur les sacs. Et la commission, c'est le nerf de la guerre. Jimmy, du rayon télévision, en sait quelque chose. Il lui arrive de multiplier par deux ou trois son salaire mensuel de 2 000 euros grâce à la « com' » touchée sur l'extension de garantie ou le produit miracle censé nettoyer l'écran (une solution essentiellement aqueuse).

Alors que je suis en train de faire avec Jimmy le concours de celui qui parviendra à vendre le plus de pshit aqueux, j'aperçois un badinterien au rayon informatique. Je me dirige vers lui pour lui vanter les produits maison. Thierry m'explique qu'il doit remplacer son ordinateur mort pendant la nuit : « C'est embêtant, j'avais toutes mes fiches de légistique sur mon disque dur. Tu en es où de tes révisions, toi ? » Thierry cravache pour l'épreuve de novembre : la légistique, ou l'art d'écrire le droit, est une des matières dont le coefficient est le plus élevé dans le classement. Je m'aperçois que nous sommes samedi, et qu'au lieu de réviser je vends du pshit. Comble de tout : Thierry refuse de m'en acheter. Elle est belle la famille.

Ne pas perdre le fil

31 mai Après cette semaine d'initiation, le moment est venu de me consacrer à ma mission principale : participer au groupe de travail sur la réorganisation des centres d'appels. Leur activité s'est développée depuis le début des années 2000 et la direction souhaite réfléchir à l'optimisation des sites. Je travaille avec Sylvain, un jeune cadre passionné, précédemment en charge de l'audit interne. Nous menons des entretiens avec l'ensemble des acteurs concernés et visitons les centres d'appels, un à un, pour en comprendre le fonctionnement et discuter avec les équipes.

Il existe deux types de centres. D'un côté, les centres d'appels téléphoniques qui sont en charge d'orienter le client, de le renseigner et d'assurer le suivi de son compte. De l'autre, les centres techniques téléphoniques qui permettent de résoudre en ligne la plupart des demandes d'intervention. Ce sont autant d'interventions à domicile économisées pour la société. Durant deux mois, je vais sillonner la France de Montreuil à Marseille en passant par Lyon et Bercy, rendant compte chaque semaine à Bondy de mes entretiens, de mes heures de double écoute des conversations entre clients et techniciens, et de l'analyse des données du système d'information effectuées avec Sylvain.

Le mode de fonctionnement des centres d'appels n'est pas dépaysant pour un élève de l'ENA. Très hiérarchisé, il ressemble à celui d'une administration. Les clients de Darty rencontrent les mêmes difficultés que les citoyens qui composent le 3939 pour faire part à l'État de leurs doléances. Les conseillers téléphoniques sont classés en trois catégories, en fonction de leur expérience et de leur degré de compétence. Quand un conseiller de niveau 1 est incapable de résoudre un problème, il procède à une « escalade », selon le jargon en vigueur chez Darty, et transmet le dossier à un collègue de niveau 2, qui peut lui-même confier un cas difficile à un conseiller de niveau 3. Ces derniers sont les vedettes de la maison. En théorie, ils ont réponse à tout.

5 juin
18ᵉ mois   Je visite un centre situé à Bezons, dans le Val-d'Oise, en observation auprès de Lionel, un conseiller de niveau 3 d'une quarantaine d'années. Statut oblige, il occupe seul une grande table, tandis que ses collègues se regroupent à quatre ou cinq autour d'un poste de travail. Je me place à distance pour ne pas le déranger et l'observe en silence. Les bottes sur la table, il est prêt pour le duel. Le cowboy a la réputation de dégainer vite. Il a le geste sûr et la réplique qui claque. Les yeux plissés, tendu vers l'objectif, il décroche le combiné. L'opératrice chargée de répartir les appels des clients attend son signal. Je suis branché en double écoute : « Vas-y, envoie ! lance Lionel à l'opératrice. Bonjour madame, service après-vente Darty, qu'est-ce que je peux faire pour votre service ? » Au bout du fil, une dame aux prises avec une machine à laver le linge récalcitrante, modèle 24X2E48. Depuis quelque temps, l'engin fait un drôle de bruit. Lionel ferme les yeux comme pour visualiser mentalement le modèle : « Pas de problème, madame, je vais m'en occuper. Vous pouvez appuyer

sur le bouton vert en face de vous, s'il vous plaît ?
— Y'en a pas. — Mais si, regardez bien. Vous soulevez
le petit capot blanc. — Ah oui, je ne l'avais jamais vu.
— C'est normal, madame, je suis là pour ça. Vous avez
appuyé ? » La dame appuie. Petit bip caractéristique.
« Bien. Maintenant, vous mettez en route sur trente
degrés. Vous pouvez placer le téléphone contre la
machine ? » La dame ne comprend pas. « Le téléphone… Vous pouvez le placer contre la machine pour
que je puisse entendre le bruit qu'elle fait ? » Nous parvient le ramdam confus d'une vieille mécanique qui
s'ébranle. « C'est bon, madame, vous pouvez l'enlever.
(La dame ne l'entend plus.) C'EST BON, VOUS POUVEZ
ENLEVER LE TÉLÉPHONE. » Vient l'heure du diagnostic.
Immédiat, précis, imparable. « C'est un problème avec
la courroie : l'axe du moteur et celui du tambour ne
doivent plus être tout à fait parallèles. Je vous envoie
un technicien. » La dame émet un léger doute. « Vous
êtes sûr ? — Vous savez, madame, des 24X2E48, j'en
traite trois par semaine. (Tout en lui parlant, il consulte
sur son ordinateur l'agenda des techniciens.) Disons,
mardi prochain, 14 heures, ça vous convient ? » Voilà
une affaire rondement menée. Je note : « Chez Darty,
l'efficacité est une valeur refuge. »

20 juil. Coup de téléphone d'Adalia : elle vient de ter-
19ᵉ mois miner son stage « Europe ». Après quatre ans
de préparation et quatre mois d'ennui, elle décide de
démissionner et de partir travailler dans une ONG.

28 juil. En fin de stage, je ne coupe pas au rituel du
rapport. En quoi l'administration peut-elle s'inspirer
de Darty… ? Je cite le sentiment d'appartenance à

une collectivité, la mobilisation de tous derrière un même objectif, sans oublier la progression de carrière qui part du bas de l'échelle et permet à chacun de gagner en responsabilité de manière logique. J'ajoute, agacé par l'exercice, qu'en pleine RGPP, qui bouleverse les équilibres administratifs par vagues violentes de réformes, il pourrait être intéressant que la haute fonction publique française s'inspire de la constance de Darty, dont le triptyque « prix-choix-service » n'a pas bougé depuis des décennies, préférant le long terme aux effets d'annonce à courte vue. Pour une fois, le rapport n'est pas présenté en soutenance. J'obtiendrai 9,5. La médiane – 9 – au pshit enrichie.

Tokyo

7 août
20ᵉ mois
Magie du hublot : il donne toujours l'impression de dominer la situation. Je m'envole pour le Japon, et c'est comme si l'ENA était derrière moi. L'an dernier, le mois d'août ne m'avait pas laissé un bon souvenir. J'avais passé mes vacances à penser à l'École et à m'en plaindre, en démissionnaire indécis. Cette année je choisis, à défaut de pouvoir m'en échapper, de consacrer mes uniques congés annuels à un nouveau stage (facultatif), une immersion dans une grande entreprise japonaise : Marubeni. L'École « entretient » d'excellentes relations avec cette multinationale de négoce qui invite chaque année deux élèves durant un mois, et ce depuis plus de trente ans. Peu connu en France, c'est l'un des grands groupes japonais, l'équivalent d'un

Mitsubishi ou d'un Mitsui. L'entreprise est ce qu'on appelle une *sogo sosha* – autrement dit, un intermédiaire dans les échanges commerciaux.

Quand M. Jo nous a envoyé un mail il y a deux mois pour nous annoncer l'existence de ce stage optionnel, j'ai aussitôt postulé. L'occasion était trop belle de revoir ce pays que j'avais déjà découvert brièvement. J'avais pris l'avion le soir du dernier écrit du concours de l'ENA pour me changer les idées avant de préparer les oraux. Peut-être est-ce l'intérêt que j'ai montré en évoquant ce premier voyage qui a fait la différence. Car ma prestation, lors de l'entretien de sélection dans les bureaux parisiens de l'entreprise, n'a pas été brillante. J'ai surtout démontré que ma connaissance du pays se limitait au fameux tournoi annuel de sumos auquel j'avais eu la chance d'assister. L'envoyé spécial, assis en face de moi, a alors ri en prononçant nerveusement le nom de « Jacques Chirac ». Je n'avais aucune idée de ce que mes interlocuteurs attendaient de moi : j'ai donc parlé dix minutes de ma scolarité, de mes goûts, de mes envies, mais il s'en dégageait un je ne sais quoi de creux qui n'avait rien de bien convaincant. J'ai pourtant été choisi, avec Pascal, un ancien inspecteur des impôts, timide mais d'excellente compagnie.

Les Japonais de Marubeni connaissent l'ENA dans ses grandes lignes. Contrairement au discours officiel qu'on nous tient à l'École, ce n'est pas l'excellence autoproclamée de la formation qui les intéresse, mais sa notoriété et son réseau.

8 août Nous sommes accueillis avec infiniment d'attentions : à l'aéroport, notre correspondante nous remet nos cartes de visite, les clefs d'un appartement en plein centre-ville, un téléphone portable et une liasse de yens pour nos dépenses quotidiennes. Le label Marubeni, bien connu de tous les Japonais, est un véritable sésame.

Dans la journée, sur autant d'étages qu'il y a de divisions dans le groupe, nous visitons les bureaux qui font face au jardin impérial, et nous initions au rituel qui ponctue ici toute présentation : l'échange des cartes de visite. Dans quarante-huit heures, j'en posséderai une centaine. Nous rencontrons ainsi, dès le premier jour, les responsables de chacune des entités de la société, dans lesquelles nous serons amenés à passer une journée d'observation jusqu'à la fin du mois d'août.

9 août   Un dîner est organisé en notre honneur avec les salariés du département Europe/International. À l'issue du repas, nous nous rendons dans un karaoké. Les hommes partent dans une cabine, les femmes dans une autre. Une bière chacun et l'atmosphère se réchauffe. L'un de nos nouveaux collègues, Tada *san*, jusqu'alors très réservé, semble tout à coup désinhibé. Il se mue en *crooner* puis décide d'improviser un strip-tease. Veste, cravate, chemise, pantalon, tout y passe. Même le caleçon. Pascal, tout proche, sent quelque chose d'inconvenant battre l'air près de son oreille gauche. Nos hôtes, par chance, trouvent la force de raisonner leur collègue. Le lendemain, leurs excuses seront à la mesure de la « tragédie », laquelle nous privera définitivement du plaisir de dîner avec notre ami Tada, mais aussi de croiser son regard, fuyant jusqu'au jour de notre départ.

23 août   La chaleur est étouffante et l'humidité difficile à supporter, mais l'ambiance de Tokyo à 2 heures du matin est fascinante. Partout, des millions d'éclats de lumière, des reflets à n'en plus finir, de très rares passants qui rentrent lentement chez eux et dont je vois les silhouettes se multiplier dans les miroirs de verre. Je me laisse porter par ma foulée, sans le moindre repère, ébloui, hypnotisé par le choc esthétique, surpris aussi par un sentiment poignant de réussite, une impression grisante de puissance. Il y a quelques jours nous visitions, sur notre demande, le Parlement japonais en hôtes de marque ; le lendemain, c'est une base des forces aériennes qui nous a été ouverte ; les jours suivants, après l'avoir suggéré, nous sommes partis à la découverte d'autres villes japonaises à bord du fameux Shinkansen, le train à grande vitesse. Partout l'accueil a été chaleureux et bienveillant. Toutes les portes se sont ouvertes, d'excellentes tables de restaurants ont été dressées, nous avons été invités au sommet des plus hautes tours, un chauffeur nous attendait à leur pied. Tout ce que nous soufflait notre curiosité nous était accordé. Et nous nous sommes laissés aller à ces facilités avec d'autant plus d'appétit qu'elles n'étaient pas incompatibles avec la découverte approfondie, donc utile, de l'entreprise et du pays.

28 août   Le jour du départ, brusquement perturbé par l'inconfort de la classe éco, je regarde par le hublot avec l'étrange culpabilité d'avoir apprécié sereinement tous ces privilèges.

VII

LA CHUTE

Durabilité

L'ENA aime s'emparer des sujets à la mode. L'intitulé du stage « Europe » soulignait déjà cette volonté affichée d'intégrer les élèves dans une problématique majeure, en l'occurrence la construction européenne, en dépit des destinations hors de l'Union. Cette fois, c'est au tour du stage en administration centrale de s'inscrire dans cette perspective : se saisir de la question du développement durable. Pour ma part, j'ai droit à cinq semaines de stage au sein de la mission « Sport et développement durable » du secrétariat d'État aux Sports. Je me demande si cette affectation est une bonne idée, car s'il y a deux sujets dans lesquels je suis totalement incompétent, c'est précisément le sport et le développement durable. Par conséquent, la pertinence de leur relation m'est difficile à appréhender. D'autant que nous n'avons reçu aucun cours sur cette thématique écolo-socio-économique. Je me console en pensant qu'un de mes camarades de promo a été affecté au ministère de la Défense

243

où il doit imaginer comment l'armée peut respecter le développement durable dans son processus de commandes d'armes... Ainsi, sur un sujet dont nous ne connaissons ni les tenants ni les aboutissants, devenons-nous consultants pour le secteur public. Qu'importe, cela coûtera moins cher à l'État que les services de M. Mage à la collectivité territoriale ! L'important, explique notre tuteur, est d'apprendre à produire, dans un délai de cinq semaines, un rapport type de consultant en entreprise.

L'intitulé de ma mission me laisse d'abord perplexe : « Rédaction d'un rapport de propositions d'organisation favorisant la transmission des savoirs et l'enseignement des comportements liés au développement durable dans le cadre des pratiques sportives, hors temps scolaire contraint. » Je tente le raccourci : comment les activités sportives, hors cadre scolaire, peuvent aider à promouvoir le développement durable.

Tout le monde est un peu perdu, mais en contrepartie la nage est libre. La directrice de la formation nous l'a indiqué en quittant l'amphi, avec un brin de subversion : « Profitez bien de cette mission. C'est la seule qui n'est pas notée par votre maître de stage. Vous pouvez donc dire, pour une fois, ce que vous souhaitez ! »

Visions d'avenir

Dans quelques mois, nous connaîtrons notre classement de sortie. Pour nous permettre, ce jour-là, de choisir notre future affectation en connaissance de cause, l'ENA nous propose de découvrir les postes offerts par les différentes administrations. À la manière des entreprises privées qui écument les salons étudiants pour attirer les meilleurs éléments, les administrations organisent leurs soirées « portes ouvertes ». Les ministres sont mobilisés : ils nous invitent en petit comité dans leurs antichambres pour boire le thé. Ainsi Claude Guéant, qui expliquera sans sourciller que le ministère de l'Intérieur peut nous offrir de très belles carrières, la sienne en étant selon lui l'exemple le plus flagrant. Nous nous y rendons selon nos goûts, nos talents supposés, nos ambitions affichées, nos dernières illusions. Certains ne se déplacent pas. Ils savent déjà qu'*a priori* leurs résultats leur donneront accès aux grands corps : l'Inspection des finances, le Conseil d'État et la Cour des comptes. À vrai dire, ce n'est une surprise pour personne. Dès le début de la scolarité, nous aurions pu prendre les paris. Ceux qui sortiraient « dans la botte » seraient les élèves les plus jeunes, fraîchement sortis de Sciences Po Paris, habitués au format des épreuves, coachés par les anciens élèves, portés aux nues par un système qui considère l'âge et l'expérience comme des facteurs diminuant le potentiel.

Un soir sur deux, après ma journée de stage au secrétariat d'État aux Sports, je pars donc à la découverte de la diversité de l'administration française. À l'exception du ministère de la Culture, que j'ai déjà fréquenté comme stagiaire, la fonction publique ne m'est pas connue. Depuis Beyrouth, je sais juste que je ne m'orienterai pas vers la diplomatie. L'expérience m'a malheureusement coupé l'envie d'aller retrouver les bons diplomates du Quai d'Orsay. Pour le reste, tout est ouvert.

9 sept. Le dernier étage du secrétariat d'État aux Sports est tapissé de photos de Rama Yade. Auparavant, me dit-on, étaient exposés des portraits de sportifs. Mais Mme la ministre incarne si bien sa fonction que le décrochage s'imposait. D'ailleurs, il y a suffisamment de sportifs dans les couloirs du ministère, notamment au sein de l'équipe bienveillante qui m'accueille. Et au sein du cabinet, c'est aussi la course : la ministre est donnée sortante lors du prochain remaniement ; il faut vite lui trouver une compétence de rechange ; elle est jeune, ce sera la jeunesse. La rédaction d'une « Lettre à la jeunesse » et la tournée des plateaux télé monopolisent toutes les énergies.

10 sept Tournée des ministères oblige, me voici hôtel de Brienne, dans les locaux de la Défense. Comme j'essaie de connaître le nombre de personnes présentes sur le site, afin d'évaluer l'ambiance de travail, le responsable en charge de nous vanter les mérites de cette administration rétorque : « Vous comprenez que je ne puisse pas vous donner ce chiffre. Il est secret défense. » Quand je lui demande quelle direction pourrait proposer un poste dans le domaine des systèmes d'information, puisque c'est ma formation initiale, il se fait un peu plus laconique : « Désolé, secret défense. » Pris au jeu, je garde pour moi la suite de mes questions.

15 sept Nous ne sommes pas très nombreux à pousser la porte du ministère de la Culture. Il n'est pas et n'a jamais été un lieu de pouvoir susceptible de satisfaire les ambitions des énarques. Nous sommes accueillis par l'équipe en place qui tente de nous allécher en nous promettant des postes mirobolants. Elle nous explique que, chaque année, certaines fonctions prestigieuses nous sont réservées de manière implicite, au sein des chaînes de télévision publiques ou du Centre national du cinéma. Ce n'est pas écrit dans les textes, ce n'est pas prévu par la loi, il s'agit juste d'une sorte de *gentlemen's agreement*. Quand l'appartenance au corps prend le pas sur la compétence. « Typiquement le genre d'infos à garder pour nous », me glisse Alberto, goguenard, en sortant derrière moi.

16 sept. En manque d'inspiration, j'appelle le haut fonctionnaire au développement durable du ministère de l'Éducation. Après tout, que ma mission soit « hors scolarité » n'empêche pas que nous établissions des ponts. Et qui sait ? Peut-être a-t-il déjà réfléchi à ce qui rapproche le sport du développement durable. Bon signe : nous rions ensemble au téléphone de l'intitulé de ma mission et je lui dis en quelques mots que je ne comprends toujours pas l'intitulé validé pourtant par mon tuteur. Il en rit de plus belle et me donne rendez-vous pour le lendemain.

17 sept. Quand il m'ouvre sa porte, je marque un temps d'arrêt. Lui ! Je n'avais pas reconnu son nom lorsque je l'avais appelé et il m'avait complètement oublié… Le tuteur en personne ! Il comprend, je le vois dans la brusque lueur qui éclaire ses yeux, qu'il s'était en définitive moqué de lui-même… Comme si de rien n'était, je lui explique sagement mon idée : lier ministère de l'Éducation et secrétariat aux Sports dans un projet relatif à l'éducation et au sport : « Ah, vous, les énarques, qu'est-ce que vous carburez, ça fait plaisir à voir ! » lance-t-il, convaincu, avant de m'avouer n'avoir jamais songé à lier les deux ministères sur le sujet. Dans la fonction publique, la révolution tient parfois à peu de chose.

20 sept. Je continue à rencontrer un à un tout ce que la capitale connaît d'experts sur cette thématique mystérieuse : hauts fonctionnaires, présidents de fédération et d'association, chefs d'entreprise du secteur. Mais ce soir, c'est portes ouvertes à l'Éducation nationale. Là aussi, les candidats ne se bousculent pas. Mais les fonctionnaires que nous y rencontrons s'engagent à nous informer dans les plus brefs délais des belles opportunités de carrière que nous pourrions y trouver. Ils nous proposent même de « construire » nos propres postes. Une aubaine dans le monde du travail. C'est compter sans la lourdeur administrative et l'esprit de contradiction de l'institution, qui finira par nous offrir des postes à l'exact opposé de nos demandes.

21 sept. Nous sommes à mi-parcours de notre mission de consultant. Je ne comprends toujours pas mon sujet. L'ENA nous convoque boulevard de Port-Royal pour une réunion de suivi. L'un de mes camarades se plaint : « On m'a demandé d'écrire un rapport sur le développement durable et les serveurs informatiques du ministère, mais je n'y connais absolument rien. — Ce n'est pas grave, tempère le responsable pédagogique, votre expertise est toujours appréciée dans les structures d'accueil, même si elle n'est pas totalement fondée. »

Mon camarade reprend alors la parole : « Il est indiqué page 7, paragraphe 3, du règlement de stage que le rapport doit faire l'objet d'un embargo. » Et, en effet, il est officiellement interdit de diffuser son rapport au service administratif avant de l'avoir soutenu, et ce pour d'obscures raisons d'égalité de notation. Du coup, le faux expert sous vrai embargo s'inquiète : « L'équipe dans laquelle je suis attend avec impatience mes conclusions pour procéder à la réorganisation du département : il me faut absolument leur donner mon rapport. » Le responsable pédagogique dodeline de la tête : « C'est impossible. C'est contraire au règlement. » Peut-être aurait-il aussi bien pu s'inquiéter qu'un ministère attende avec impatience un rapport d'expertise d'un non-expert patenté... Ou qu'un stagiaire de l'ENA estime son ignorance à ce point indispensable... Mais notre référent est un ancien élève de l'École. Lui aussi a connu cet état de grâce.

28 sept.   Il nous est indiqué que notre dernière épreuve collective nous occupera trois mois, de décembre à février. Elle exigera que nous rédigions par petites équipes de quatre un rapport sur un thème imposé, à dominante juridique, internationale, économique ou sociale. Aujourd'hui, nous avons rendez-vous à l'antenne parisienne de l'ENA pour prendre connaissance des différentes options proposées. Je choisis celle consacrée aux nouvelles technologies. Malheureusement le tuteur désigné, un conseiller d'État, n'a pas l'air d'y connaître grand-chose : dans son exposé, il convoque le moteur de recherche « Gogol » et se plaît à écrire « *pear to pear* » pour « *peer to peer* »... Encore un coup du lobby agricole.

L'objectif : rédiger un rapport d'une cinquantaine de pages, comme nous le ferions à la demande d'un ministre, débouchant sur des propositions de réformes. Nous disposerons pour cela d'une enveloppe pour nos frais de déplacement. Certains pourront, en fonction de leur thème de travail, et sans avoir à fournir de réelles justifications, s'envoler vers l'Afrique ou l'Asie. Autant de bons souvenirs qui enrichiront des rapports dont le principal destin sera d'aller mourir dans un placard de l'École.

30 sept. Mon rapport sur le sport et le développement durable est enfin prêt. Le sujet m'a totalement dépassé, mais l'accouchement a eu lieu. L'École exige qu'il soit imprimé en treize exemplaires : « Onze versions anonymes et deux versions avec votre nom. » En tout : « 1 051 rapports, c'est-à-dire 65 ramettes de papier, ou plus exactement 163 kg de papier, soit un gros arbre comme celui de la cour intérieure de l'École », prévient par mail un de nos délégués durables.

Au moment de déposer mes exemplaires au secrétariat parisien de l'ENA, un camarade en feuillette un exemplaire et manque de s'étouffer. Dans les « Remerciements », j'ai glissé le nom de mon professeur d'EPS de sixième, M. Salmona, que je suis allé interroger pour comprendre les liens de terrain entre le sport et l'école. Un prof de gym à côté de hauts fonctionnaires !

Entre soi

4 oct.
22ᵉ mois Nouvelle fracassante : la réforme de l'ENA est en marche ! Elle a été confiée à l'un des nôtres, et pas n'importe lequel, l'ancien élève qui

avait traumatisé la communauté urbaine de Brest, l'érotomane inspiré des administrations. L'École lui a commandé un rapport. Et l'homme est là, face à nous, dans les locaux de ladite, la gibecière pleine d'idées. Certes, il ne cesse d'être remercié de ses différentes fonctions, mais l'École n'abandonne pas ses ouailles. Après tout, il a montré qu'il avait de l'imagination. Nous sommes un petit groupe à avoir répondu à son appel. Avant de rendre sa copie, Casanova souhaite discuter avec quelques élèves et recueillir leurs avis sur la scolarité.

Malheureusement, la première heure passe trop vite : il y est exclusivement question de la carrière du poète rapporteur. Quant à la seconde, elle est en grande partie consacrée à son parcours, et quand viennent ses idées, il n'est plus temps d'en débattre, le temps est écoulé. Tandis que nous nous levons résignés, Alice l'interpelle : « Ne devions-nous pas en discuter ? — Bien sûr, si vous voulez ! » répond-il un brin surpris, avant de lâcher à contrecœur : « Mais dans ce cas, il faut fixer une autre réunion. » La conférence devait juste lui permettre de noter dans son rapport que les élèves avaient été consultés. Voilà qu'elle va s'ouvrir sur des débats. Quelle poisse ! Mais c'était sans compter sur Catherine, l'une de nos délégués : « Le problème, c'est que nous n'allons pas avoir de créneau. Nous rentrons en révision pour nos épreuves, et toute minute que nous passerions sur un autre sujet pourrait avoir une incidence sur notre préparation, donc une conséquence sur nos notes, c'est-à-dire une influence sur notre classement, autrement dit une répercussion sur nos vies. »

12 oct. C'est jour de communion à Strasbourg. Malheureusement, je ne connais toujours pas mon catéchisme. L'enveloppe de l'examen GMP est devant moi. Je la saisis, l'ouvre avec résignation. Les surveillants, la mine sombre, essaient de voir sur mon visage si je pense pouvoir m'en sortir. Ma mission ne semble pas insurmontable : je dois organiser le déménagement d'un service d'un bâtiment à un autre, trouver des astuces. Miracle ! Il y a bien un passage dans le bréviaire, p. 66, qui parle de ça : « Quelles sont les actions principales à mettre en œuvre pour aborder un déménagement ? [...] créer un événement sympathique en offrant un petit-déjeuner. » Je prépare donc un plan d'action en vue du grand chambardement et suis conduit au bout d'une heure jusqu'à la salle du jury.

Le précédent candidat vient de sortir. Les deux jurés font une courte pause. Je les entends discuter au travers de la porte : « Mais toi, tu étais sorti combien ? — 32ᵉ. — Ah, pas mal ! — Ben oui, mais tu vois, il y a un truc qui m'énerve : un gars de ma promo, sorti 54ᵉ, vient d'être nommé à un poste que je voulais. C'est vraiment n'importe quoi. — Pfff, c'est clair. Bon, on voit le suivant ? » La porte s'ouvre, j'entre. Mes aînés ont près de cinquante ans, ou devrais-je dire, vingt ans d'existence administrative. Je m'assois et leur parle viennoiseries.

18 oct. Alors que nous quittons le petit amphithéâtre, après une leçon lénifiante sur l'industrie automobile par un ancien élève, ex-patron éphémère d'un grand constructeur, vite remercié par ses actionnaires privés, Jérôme, l'un de mes camarades, me demande si je compte donner des cours à

Sciences Po à la sortie de l'ENA. Il est en effet assez facile de s'y voir attribuer une « conférence de méthode ». Pourquoi pas ! La transmission et l'enseignement m'intéressent. Je m'y suis d'ailleurs frotté à deux reprises depuis mon admission en « coachant » des élèves de Prép'ENA, mais l'impression d'œuvrer en faveur de la logique exclusive du classement m'en avait vite dissuadé. En revanche, l'intérêt de Jérôme, qui est à peu près le contraire du pédagogue, me surprend : « Ouais, mais j'aimerais trouver un moyen de gagner plus d'argent si je ne finis pas dans les grands corps. — Tu te vois enseigner quoi ? — Ben, j'ai pensé aux finances publiques. Je n'aime pas ça, mais il suffit de reprendre les fiches de prépa et d'actualiser les chiffres. C'est facile et ça rapporte ! »

27 oct. L'ENA nous offre une séance de coaching en ligne avec un cabinet privé de ressources humaines. Le premier rendez-vous est fixé dans deux semaines : bilan de compétences et plan de carrière assurés. Mais en attendant, nous devons remplir un questionnaire qui permettra au coach d'évaluer notre profil. Ahuri devant mon écran d'ordinateur, je relis l'énoncé pour la cinquième fois : « Cochez la case qui correspond le plus à votre objectif professionnel : □ Améliorer la fidélité de mes clients. □ Augmenter mes ventes de trente pour cent. » Voilà dix minutes que je bloque. Privilégier mes clients ou vendre plus de marchandises ? Je sèche. La fonction publique serait-elle totalement inadaptée au monde moderne ?

16 nov.
23ᵉ mois Depuis que le président Nicolas Sarkozy a réclamé la suppression du classement, certains ministères ont décidé, à partir de la sortie de

la promotion Zola, de ne plus se laisser imposer les élèves dont ils ne voudraient pas. Ils publient donc en parallèle une « *shortlist* » ou liste de préférence qu'ils établissent après avoir rencontré les candidats. Bercy peut, par exemple, indiquer que le poste proposé à la direction du Trésor doit revenir au 28ᵉ plutôt qu'au 22ᵉ. Mais cette prise de position n'est qu'indicative. Elle n'a aucune légitimité juridique, contrairement au classement. Le 22ᵉ peut donc choisir son ministère, malgré l'opposition affichée de celui-ci et la volonté d'y aller du 28ᵉ, qui a été préféré. Parmi les postulants, cela détériore un peu plus l'ambiance et rehausse le climat de suspicion. Du coup, la fébrilité est maximale. Ce jour-là, j'apprends que plusieurs camarades, sous l'impulsion de Catherine, ont mis sur pied un groupe d'entraînement, animé par un coach rémunéré, afin de préparer ces entretiens de recrutement et de s'assurer des places de choix sur les listes de préférence.

Pour les grands corps, c'est un peu différent. Aucune *shortlist* n'est prévue : l'Inspection des finances, le Conseil d'État et la Cour des comptes se réservent les élèves qui dominent le classement, peu importe leur profil ou leurs compétences. Pour eux, l'ENA a déjà fait le tri. Il en va d'ailleurs de la légitimité des pairs qui, eux aussi, sont sortis de la botte.

On en apprend tous les jours

22 nov. La soutenance de mon rapport sur le sport et le développement durable se déroule à Strasbourg face à un jury d'une dizaine de personnes. « Le constat est vraiment très mauvais », lâche la présidente du jury en ouverture. J'entends : « Votre rapport est exécrable. » Je ne cherche pas à me défendre, je partage sa sévérité. En réalité, elle veut parler des résultats obtenus par le secrétariat d'État aux Sports en matière de développement durable. L'honneur est sauf. L'un des examinateurs me demande si je n'ai pas été censuré, car je n'ai pas suggéré la suppression des 24 Heures du Mans ni celle de la caravane du Tour de France. C'était donc cela !

La présidente revient à la charge : « Mais, au fond, qu'est-ce que le développement durable, selon vous ? » Je me lance dans une explication approximative : « C'est la capacité de la génération actuelle à vivre sans mettre en péril l'existence des générations futures. — Eh bien non, le développement durable, c'est le progrès continu ! » Décidément, je suis vraiment passé à côté de mon sujet. Ce qui ne m'empêchera pas d'être plutôt bien noté.

29 nov.   Sur un banc du hall de l'École se joue un drame original. Élodie est en larmes. Une autre élève, Marie, la console tant bien que mal, étourdie par une joie incontrôlable. La scène est saisissante. À trois mois du classement définitif, et alors qu'il manque peu de notes pour établir les scores, l'École propose un classement anticipé. Élodie est 65ᵉ. Marie se trouve dans les cinq premières. Le rêve de celle-ci est à portée de main : gravir les marches de l'Inspection générale des finances. Certes, elle le fera sans son inséparable amie qu'elle côtoie depuis les bancs de Sciences Po, qu'elles ont toutes les deux rejoints après le bac. Mais il y a une fin à tout.

Autour, on fanfaronne ou on longe les murs. Les uns vont chercher leurs cachets à la résidence, les autres courent s'en débarrasser, presque immunisés. Je n'irai pas chercher mon classement intermédiaire.

2 déc. Nous voilà à Paris pour les deux prochains **24ᵉ mois** mois. L'épreuve dite « Option d'approfondissement » vient de débuter. Je n'ai pas obtenu le premier thème sur lequel je souhaitais travailler, ni le deuxième, mais le troisième : la liberté religieuse à l'école. Notre rapport doit proposer des pistes de réforme des textes juridiques encadrant les relations entre l'École et les religions. Dans le groupe, nous sommes quatre externes de moins de vingt-huit ans, tous passés par Sciences Po Paris. On ne se connaît pas vraiment pour autant. Hasard des affectations, je retrouve Rachelle, celle qui m'avait allégrement censuré lors du module « Action de communication ». Il va falloir composer... surtout si nous souhaitons maximiser la note pour nous hisser dans le classement. Je ne connais que de loin les deux autres acolytes : Ophélie et Thomas, lequel est fan de droit public, ce qui tombe plutôt bien. Comme d'habitude, nous commençons par ingurgiter toute la littérature sur le sujet. Et les rapports ne manquent pas. Puis nous nous déplaçons sur le terrain pour rencontrer des experts, visiter des écoles, interroger des professeurs, des parents, des élèves... Jusqu'à ce que Rachelle juge inutile de rencontrer des gens, la lecture des différents rapports ayant suffi à nous spécialiser.

7 déc. À chacun sa Rachelle : Bruno, membre d'un groupe travaillant sur une problématique internationale, a prétendu pouvoir faire profiter ses collègues de ses contacts francs-maçons, avant de reculer, faute de loge, et de se révéler franc-fayot : l'équipe vient de rencontrer mon ancien maître de stage, l'ex-ambassadeur de France à Beyrouth, désormais conseiller spécial à l'Élysée. Celui-ci n'avait d'intérêt que pour le classement de sortie. Bruno, sans hésiter, lui a alors lancé : « Suivant mon classement, j'envisage soit le Quai d'Orsay, soit la préfectorale. Quoi qu'il en soit, je serai avec un membre de votre famille. » Courtoise allusion au frère de « l'Héritier », lui-même énarque et préfet...

10 déc. Je croise par hasard, dans une rue de Paris, un de mes camarades de promotion. Il me demande immédiatement combien d'experts nous avons prévu de rencontrer pour notre épreuve d'approfondissement. « Je n'en ai aucune idée. Peut-être quarante, pour le moment. — Dans notre groupe, nous en sommes à cent vingt ! » La liste des rencontres devant figurer en annexe du rapport, le poids de cette liste est censé être un marqueur de notation pour le jury. Je lui explique qu'en contrepartie nous avons commencé à rédiger. Il m'interrompt : « C'est aussi une de nos forces, la rédaction. Pour ma part, j'ai un style déplorable, manquant de relief, très administratif, donc absolument conforme aux attentes. »

16 déc. La liste des postes offerts à notre promotion est publiée : quatre-vingt-cinq, soient quatre de plus que ce dont nous avons besoin. C'est un luxe. Les ministères qui nous avaient promis du sur mesure n'ont pas donné de suite concrète à leur proposition. Certains élèves, forts de leur classement intermédiaire, font déjà des plans sur la comète administrative. La chasse au bureau est ouverte. Barbara, dans les premières au classement intermédiaire, nous envoie un courriel. Elle est consternée : « Je ne comprends pas, ce sont des postes administratifs et non de commandement. On a vraiment passé un concours pour ça ? »

20 déc.   Les recherches « approfondies » avancent, l'entente est presque bonne au sein du groupe. Nous apprenons progressivement à nous connaître. À ceci près que, selon Rachelle, les chances de succès avec moi sont clairement divisées par deux. D'ailleurs, je vois bien dans le foudroiement de son regard qu'elle ne comprend toujours pas ce que je fais ici. Elle est l'une des plus jeunes de la promotion, n'a jamais travaillé en dehors des stages et est persuadée d'être ultra-compétente. Il faut dire que son apparition à la télévision à l'occasion du débat sur l'identité nationale, qu'elle a organisé lors de son stage en préfecture, lui confère une autorité naturelle. En véritable chef de file, elle répartit le travail et me laisse prudemment la portion congrue. Ça tombe bien, je ne tiens pas à y passer toutes mes nuits. D'autant que, on le sait à présent, ce n'est pas la pertinence de notre analyse qui fera la hauteur de notre note. Je m'en tiens donc à mon job : « rédiger l'ouverture non juridique » ; un peu d'histoire, un peu de sociologie ; pas de parties techniques, je n'aurais pas le niveau. J'écris et envoie mon texte au leader avant que nous nous retrouvions pour faire le point. Ce lundi d'avant Noël, lorsque j'arrive au rendez-vous, Rachelle n'a pas le cœur à la fête : « J'ai compilé vos contributions. C'est vraiment bien. En revanche, il y en a qu'il va falloir entièrement remanier. Ça ne va pas du tout. Ce sont les parties d'ouverture. » Chacun fait comme s'il n'avait pas compris qu'il s'agit des seules lignes dont je sois l'auteur. Le point positif, c'est que Rachelle va s'en occuper.

7 janv. La période étant propice aux vœux, je
25e mois parle avenir avec Iris, une externe de vingt-six ans, qui me confie n'attendre qu'une chose : avoir un premier travail, son nom sur une porte et une équipe à diriger.

Toujours plus loin

10 janv. Hôtel Ritz, Paris. Pour fêter la nouvelle année, Marubeni convie tous les anciens stagiaires de l'ENA à un cocktail. Pascal et moi, derniers invités, sommes censés prononcer quelques mots devant le gratin de l'École et les représentants européens de la société. Mais le directeur de l'ENA doit nous précéder. Hier, il m'a appelé en catastrophe : « Ces Japonais de chez Marubeni, là, ils fabriquent quoi, exactement ? — Ce qu'ils fabriquent ? Rien. Et comme l'ENA est partenaire depuis trente ans, il ne faudrait pas qu'ils croient qu'on l'ignore, vous comprenez. D'ailleurs, c'est étrange, depuis tout ce temps, l'École n'a jamais renvoyé l'ascenseur en associant la société à un cours sur le Japon ou en accueillant de jeunes recrues pour leur montrer notre pays. — C'est une très bonne idée, je vais en parler. » Mais à qui ?

M. le directeur s'avance donc et prend la parole. On le sent sûr de lui : « En cette période de révision

générale des politiques publiques... » Bille en tête !
Pas un mot d'introduction sur le partenariat entre
l'ENA et Marubeni. Les traducteurs s'affolent. Nos
hôtes ouvrent de grands yeux. Manifestement, ils ne
comprennent pas de quoi il retourne. Certes, le
représentant du conseil d'administration n'avait pas
fait mieux six mois auparavant devant les étudiants
étrangers, mais il aurait été si simple d'inviter Tada
san et ses amis à découvrir les coutumes et la bière
strasbourgeoises...

12 janv. Bilan d'aptitudes. Les résultats du questionnaire en ligne sont devant moi. La consultante
du cabinet privé aussi. Nous nous trouvons à l'ENA,
au siège parisien de l'avenue de l'Observatoire. Dans
la salle où j'avais passé mon oral de finances
publiques il y a quelques mois. Le *skills and motivations test*, spécifiquement créé pour le recrutement
dans le privé, a rendu son verdict :

> Olivier Saby retire plutôt son plaisir des défis intel-
> lectuels qu'il peut relever dans un travail [...]. Pour
> lui, l'autonomie est importante. [...] Une carrière sti-
> mulante n'est pas en soi un aspect qui le motive
> davantage dans le travail [...].

Ma coach précise : « Ça n'est pas scientifique,
mais c'est le fruit de nombreuses années d'études, et
par de très grands spécialistes du comportement. »
Je veux y croire. Il y est même fait mention de la
possible péremption des conclusions « en cas de
changement majeur dans la vie du candidat ». La
consultante m'explique sans sourciller qu'effectivement, en cas de rupture amoureuse ou de prise de
poids, il faudra que je repasse le test.

L'accès à cette belle mécanique n'a coûté, dit-on, que 1 500 euros par élève… Mais, attention, il se murmure aussi que les résultats seront ajoutés à notre dossier et pris en compte dans le classement final. Du coup, l'inadaptation du questionnaire au secteur public est assez secondaire.

18 janv. La direction de la communication nous annonce que la boutique en ligne ouvre ses portes. Il est désormais possible d'acheter des polos, des cravates et autres stylos estampillés par le logo de l'École. La question effleure les esprits : serait-ce mal vu de ne pas s'équiper ?

26 janv. Nous avons rendez-vous au Conseil d'État avec notre tuteur d'option d'approfondissement. Sorti il y a une vingtaine d'années parmi les premiers de sa promotion, M. Margueron est l'un des personnages les plus en vue de l'institution (dans quelques semaines, il ira pantoufler dans un cabinet d'avocat spécialisé en droit public). Nous le rencontrons pour faire le point sur notre travail à trois jours de la remise. Il se veut rassurant : « Ne vous inquiétez pas, notamment pour votre soutenance. J'ai regardé qui était dans votre jury. Aucun d'eux n'est énarque, ce sont des universitaires, ils n'y connaissent pas grand-chose. » Thomas l'interrompt : un membre du jury est tout de même au Conseil d'État. « Certes, mais il y est arrivé par un autre mode de recrutement, pas par l'ENA, cela ne compte pas. Et puis, vous êtes tous les quatre externes, comme je l'étais moi-même. Cela va nécessairement les impressionner. Vous savez, ils n'ont pas l'habitude de voir des gens comme vous. Leurs élèves à l'université n'ont pas un

261

très haut niveau, alors, quand vous allez entrer dans la salle, ils se sentiront flattés. » Thomas me regarde, sceptique. Rachelle exulte, elle n'en attendait pas moins. Ophélie regarde dans le vide.

29 janv. Lorsque nous arrivons à l'ENA pour y déposer notre rapport, les pompiers sont là : Marc, un de nos camarades, s'est évanoui au moment de remettre le sien au secrétariat. Il faut dire que le coefficient de l'épreuve, donc l'importance pour le classement, c'est-à-dire pour nos vies, est élevé. Heureusement, de notre côté, nous pouvons être confiants : la version définitive ne comporte pas une seule phrase de moi, foi de Rachelle.

31 janv. Lors du second rendez-vous pour parler de mon avenir, ma coach est embarrassée. Les résultats de mon test ne permettent pas de savoir quelle pourrait être ma carrière dans la fonction publique. Elle en profite pour se confier : « Le jour où mon cabinet a été retenu pour organiser ces séances de coaching, j'étais très excitée à l'idée de travailler avec des élèves de l'École. Depuis, tout comme les collègues, j'ai déchanté. Nous avons l'impression de nous échiner à trouver des compétences à des gens qui en manquent cruellement, alors même qu'ils prétendent occuper les plus hauts postes. Si vous saviez ce qu'on entend de la part d'élèves d'une vingtaine d'années qui ignorent tout du monde du travail, prennent les grands corps pour des marchepieds, et ne visent qu'à prendre la tête de grandes entreprises ! Quand je raconte ça autour de moi, personne ne me croit. L'ENA jouit d'une image incroyable mais l'intérieur est en totale déliquescence. Il y aurait de quoi écrire un livre ! »

Nous convenons de ne plus nous revoir, mais ma coach suggère que nous gardions le contact : « On ne sait jamais. Si le public vous lassait. »

7 fév. L'une de nos camarades est très malade.
26ᵉ mois Admise aux urgences, elle reste un moment en réanimation. Avec les déménagements permanents et la pression du classement, elle n'a pas pris le temps de soigner une infection récente. Sa meilleure amie, membre également de la promotion, appelle la directrice de la formation pour l'informer que l'élève alitée aura du mal à se rendre à sa prochaine épreuve de classement. Mais la directrice, qui ne serait pas allée au chevet de la malade même avec son chauffeur partagé, prévient : « Elle doit m'appeler elle-même, sinon cela sera considéré comme une défaillance. — Elle ne peut pas parler, elle est en réanimation. — Dans ce cas, il faut qu'elle m'écrive un courriel. — Elle ne peut pas bouger. — Alors, faites-lui signer un papier ! » La solidarité à des limites, *merdre* alors !

18 fév. Nous soutenons enfin notre rapport. Mais rien ne se passe comme prévu : le jury d'universitaires n'est pas du tout impressionné par l'équipe de choc. Ça fiche un coup.

La vengeance des premiers de la classe

2 mars Le grand jour est arrivé. Il ne reste que
27ᵉ mois quelques heures avant la « désoccultation », rituel à l'issue duquel nous allons prendre

connaissance de notre classement définitif. N'ayant désocculté jusqu'à ce jour que mes notes de stage, je n'ai aucune idée de mon classement, mais je l'imagine aisément dans les bas-fonds : aux alentours de la soixante-dixième place sur les quatre-vingt-une offertes à notre promotion. À mon avis, je n'aurai guère de marge de manœuvre au moment du choix de mon affectation. Par chance, les deux corps que j'envisage (tribunal administratif et Éducation nationale) ne nécessitent pas d'être très bien classé.

10 h 00 L'enveloppe mystère sera à notre disposition à partir de 11 heures. Sasha et moi décidons d'aller courir dans le jardin du Luxembourg pour conjurer le sort. Nous croisons plusieurs de nos camarades qui empruntent les allées fleuries menant aux locaux de l'ENA. Tous font grise mine, sauf le plus jeune de la promotion, pressenti comme major, qui arbore un grand sourire. Il a constamment désocculté et sait qu'*a priori* il ne peut pas être rattrapé par le 2e du classement intermédiaire. Sasha est persuadé que je finirai entre la 15e et la 30e place. J'en doute. « Tu paries ? » Nos cerveaux sont dans un tel état de tension que j'y consens.

Après une heure de course, nous prenons la direction de l'École. La douche attendra. Nous pénétrons dans les locaux en sueur, short et baskets assortis, et nous dirigeons vers la salle des résultats. Ils sont déjà nombreux, plus ou moins stressés, à circuler dans les couloirs. Certains ont désocculté et leurs visages disent leur joie ou leur déception. Je croise Rachelle, qui lève les yeux au ciel en m'apercevant. Je suis définitivement irrécupérable. Si je termine dernier, elle ne sera pas étonnée.

C'est notre tour. Dans une salle un peu sombre, une secrétaire de l'ENA distribue les enveloppes sans cérémonie. Nous nous éclipsons, nous mettons à l'écart et fixons notre sort, enfermés dans un brusque et éphémère halo de solitude. À l'intérieur, deux feuillets. L'un comporte les notes des toutes dernières épreuves, y compris celle de l'option d'approfondissement. L'autre, un chiffre, celui de notre classement, l'indélébile.

J'ouvre et retire les feuillets. Je regarde Sasha. Il en est au même point. Je me laisse alors emporter par mon destin. Quoi ? Durant une fraction de seconde, je pense que les calculs sont faux. Je regarde de nouveau : je suis vingt-cinquième. Au regard des critères de l'ENA, on peut dire que je suis bien classé. Les quinze premières places permettent l'accès aux grands corps, les quinze suivantes à d'autres postes enviés : Quai d'Orsay, Inspections générales, Bercy... Sasha est dix-septième. Il a gagné son pari, et moi perdu ma solde.

Sentiments mêlés : fierté, joie, étonnement ; le système m'a adoubé et je m'en sens flatté.

Les paons du classement intermédiaire connaissent de leurs côtés quelques déconvenues. Ne reste pas baron qui veut : les tout premiers ont été confirmés, mais les rangs suivants (entre la 10e et la 30e place) ont été sévèrement bousculés. Rachelle sort de la salle de désocultation. Elle qui se voyait déjà à la Cour des comptes ou au Conseil d'État termine autour de la 40e place. C'est un rêve qui s'écroule. Elle vient me voir et déplore que nous n'ayons pas eu une très bonne note à l'option d'approfondissement. « Il n'y avait pas une seule phrase de moi, Rachelle. Je n'y suis pour rien... » Elle me regarde muettement avec ses yeux ronds. Les mots lui manquent. Elle ne m'adressera plus jamais la parole. Je croise aussi Éric, qui avait évoqué un jour son « suicide social » s'il ne rejoignait pas les grands corps. Il termine en queue de peloton. (Aux dernières nouvelles, il se porte bien.) Quant à Marianne, la médaillée peau de phoque, elle a senti à temps le vent tourner au moment du classement intermédiaire, et a choisi, bien avant que soit confirmée sa relégation aux frontières, de se marier avec son grand corps d'homme.

14 h 00 Tout s'accélère. Après une douche au sous-sol des bureaux de l'ENA, je gagne le grand amphi Parodi où sont réunis les élèves, galvanisés ou abattus. L'atmosphère est électrique, mais le calme et la dignité sont de règle. Un membre de la délégation monte à la tribune et annonce le programme : il reste un mois avant l'« amphi-garnison » ; nous y exprimerons publiquement notre choix définitif d'affectation ; pendant ces quatre semaines vont se succéder des amphis-garnisons blancs, simulation du choix final, de façon à ce que les décisions s'affinent. Le mécanisme est assez simple : nous connaissons la liste des 85 postes offerts à notre promotion ; le premier choisit celui qu'il veut occuper ; le deuxième sélectionne le sien parmi les 84 autres, et ainsi de suite, jusqu'à ce que le 81e fasse son choix au sein des 5 restants.

Après vingt-sept mois de scolarité, nous en sommes là, le rang tatoué sur le front, à nous arracher les corps de la République. Seul le major manque à l'appel. Il n'entend pas participer à la ronde des envieux. Il a donné une procuration à l'un de ses amis qui retiendra pour lui le Conseil d'État. C'est ensuite au deuxième de décliner son choix, puis au troisième, etc. Sans surprise, les quinze premiers de la promo sont tous externes, à l'exception d'un seul d'entre eux. Preuve, s'il en est besoin, que les grands corps n'accueillent pas que des élèves coulés dans le même moule... Et comme le veut la tradition, cette crème se partage les postes à l'Inspection des finances, au Conseil d'État et à la Cour des comptes. Entre ambition personnelle et conformisme, les motivations divergent : certains satisfont leur goût du pouvoir et du prestige social, d'autres préparent leur pantouflage dans le privé ou leur passage dans un cabinet ministériel, quelques-uns répondent à l'appel de la tradition, certains font un choix de conviction.

Il ne reste plus qu'une place dans les grands corps. Mathieu se lève. Je l'avais côtoyé dans un groupe de travail. Quand l'animateur lui avait demandé pour quelle raison il était entré à l'ENA, il avait répondu du tac au tac : « Pour aller dans un tribunal administratif », avant d'éclater de rire et de rectifier qu'il visait « bien évidemment » les grands corps. Il a donc atteint son objectif. Quelles que soient sa compétence et sa capacité à occuper ce poste, il est désormais intouchable, à vie.

Lorsque les douze premiers ont décliné leur choix, et que les grands corps ne sont plus à vendre, les heureux élus quittent immédiatement l'amphi. Dans une salle adjacente, l'Inspection générale des finances leur fait la retape pour les convaincre de la préférer au Conseil d'État. Nous nous retrouvons entre énarques de seconde zone. L'aristocratie est déjà coupée du Tiers-État. Qu'importe ! Nous régnerons également. Des années à bachoter, à se tenir au premier rang, à essuyer sans broncher les quolibets jetés du fond des classes. Pour nous aussi la vengeance sera totale.

9 mars Dans l'attente de l'amphi-garnison, les élèves qui ne se sont pas encore décidés enchaînent les rencontres avec les ministères et les représentants des corps qui pourraient les accueillir. Pendant ce temps-là, ceux qui ont déjà fait leur choix – les mieux classés – attendent la quille. L'un d'eux, impatient d'aller danser, nous propose par courriel de transformer l'amphi-garnison en parade musicale : l'idée serait que chacun se voie attribuer par les autres une musique adaptée à son caractère. *L'Opportuniste* de Jacques Dutronc et *L'Homme pressé* de Noir Désir sont proscrits ; seules les ondes positives sont acceptées. De quoi renouer avec la franche camaraderie de ces vingt-sept mois de compétition. Mais tout le monde ne partage pas son enthousiasme.

Le dernier bal

12 mars Je fais partie des indécis. Mon choix oscille entre la juridiction administrative, pour l'indépendance qu'elle offre et la rigueur intellectuelle qui la caractérise, et le ministère de l'Éducation nationale dont les enjeux me sont chers. Le premier corps est choisi traditionnellement par les élèves classés entre la 20ᵉ et la 60ᵉ place. Le second reçoit peu de suffrages, voire est laissé vacant. Les deux me sont donc accessibles.

L'Éducation nationale ne m'ayant toujours pas contacté depuis six mois, malgré mes relances, j'en déduis que mon profil ne les intéresse pas. Je prends donc rendez-vous, au sein de la juridiction administrative, dans les tribunaux les plus proches de mon domicile : Paris et Montreuil. Les élèves les mieux classés qui choisissent ce corps optent généralement pour le tribunal de Paris. Les rendez-vous dans les deux juridictions ne laissent pas de place au doute : d'un côté, l'incapacité à comprendre que je puisse hésiter (« Mais enfin, vous êtes trop bien classé pour aller à Montreuil ») ; de l'autre, une présidente bienveillante, un tribunal jeune, implanté dans un département compliqué mais dynamique : la Seine-Saint-Denis. Je choisis donc dès le premier amphi blanc le tribunal de Montreuil. Certains camarades sont persuadés que je bluffe, dont Fabien : « Tu dis ça pour piquer le poste de quelqu'un de moins bien classé au dernier moment ! » Le système est tel que je peux, en effet, en dernière instance, postuler pour l'Inspection générale de l'administration, Bercy ou le Quai d'Orsay plutôt que pour un tribunal administratif. Du coup, j'empêcherais Laura, classée juste derrière moi, qui souhaite ardemment y entrer, d'y être nommée. Elle serait alors obligée de se rabattre sur un autre corps, dont rêvait peut-être un énarque moins bien classé qu'elle, etc. Un vrai jeu de chaises musicales qui, chaque année, produit des drames et des frustrations à vie.

15 mars   Les bottiers sont invités successivement à rencontrer les membres des trois grands corps. L'Inspection générale des finances les invite ainsi à une générale à l'Opéra Garnier, puis à un cocktail intime dans les appartements du président du Centre Pompidou. Je croise Aurélien, l'un des élus, qui tergiverse : « Je suis embêté car j'ai toujours voulu aller au Conseil d'État, mais l'Inspection m'a expliqué que si je la rejoignais je pourrais diriger une entreprise du CAC 40 d'ici quelques années. Ça se réfléchit ! »

17 mars   En février, Martine Lombard, fidèle à son engagement, s'est rappelée à notre bon souvenir. Elle était là le premier jour, elle veut nous revoir pour le dernier. La direction a soutenu sa demande, mais a souhaité obtenir l'aval des élèves car un obscur règlement, applicable à l'amphi-garnison, s'y opposerait. Les élèves s'en sont globalement désintéressés. L'École a dû éconduire notre lointaine présidente de jury. Ce qui ne manque pas d'élégance.

22 mars   L'hystérie menace. Un des élèves, classé dans les vingt premiers, souhaite aller au Quai d'Orsay, bien que l'administration ait indiqué préférer d'autres élèves, moins bien classés. Il confirme son choix lors d'un amphi blanc. Les « shortlistés » préviennent en temps réel le ministère qui appelle l'impertinent à sa sortie et le menace : s'il persiste, il sera placardisé en France ou au bout du monde. Les sélectionnés sur la *liste de préférence* espèrent jusqu'au dernier moment qu'il reviendra sur sa décision, que les pressions du Quai auront raison de sa détermination. Lors des amphis blancs, les intéressés craquent, supplient, haussent le ton, menacent. Dans les couloirs, entre deux amphis, les tractations, les pressions sont de plus en plus intenses. L'un de ceux qui briguent une place à la Culture sans en avoir la légitimité discute avec chaque candidat susceptible de se l'approprier pour en dire tout le mal qu'il peut – ses sources sont formelles – tout en brossant un tableau mirifique d'un autre poste qui leur conviendrait tellement mieux. Jérôme, un troisième concours de plus de trente-cinq ans, m'explique : « Moi, je cherche une planque sympa, un truc pas trop compliqué, avec pas trop de présence. » Géraldine, quant à elle, est désespérée : « Je ne vais rien avoir. Personne ne veut de moi. Tout ça pour ça ! Et ces jeunes externes qui raflent les meilleurs postes ! Je vais me retrouver en CRC ! T'imagines ? » La chambre régionale des comptes est pour tout énarque qui se respecte ce qu'une émission de la TNT est pour un animateur de TF1 : un déshonneur, une humiliation. C'est pourtant un poste de magistrat indépendant, rémunéré plus de 3 000 euros net par mois. Certains enchaînent les rendez-vous, à l'image de Julie qui m'avoue : « J'ai postulé pour vingt-trois postes. On ne sait jamais. — Mais tu n'as pas un secteur ou une fonction de prédilection ? — Ben, non. J'avais envie d'aller dans les grands corps. — Pour y faire quoi ? — Ben, tu sais bien, quoi. »

24 mars Mon choix est fait. Pourtant, je n'ai de cesse de le justifier autour de moi. Auprès de Philippe, par exemple, mon ancien maître de stage au ministère de la Culture, qui s'indigne : « Ne fais pas l'enfant. Avec ce classement, tu vas au Quai d'Orsay ou à Bercy et c'est tout. » Ou encore auprès de Camille, mon vieil ami, qui m'oppose sa moqueuse incrédulité : « Je ne te crois pas une seconde pour le tribunal de Montreuil. » Quand je rencontre un membre de la Cour des comptes, celui-ci bondit : « Mais enfin, à la 25ᵉ place, vous ne pouvez pas aller au tribunal de Montreuil ! » Je lui explique mes motivations : l'indépendance, la rigueur intellectuelle, l'implantation dans un département qui a besoin de la présence de l'État... Il acquiesce, avec un bémol : « Je comprends, ça a du sens. Mais il faut dans ce cas que vous trouviez un moyen d'offrir une visibilité à votre rang. » Je ne comprends pas. Il continue : « Quand vous allez dire aux gens que vous êtes au tribunal de Montreuil, ils vont toujours penser que vous étiez en bas de classement, donc que vous étiez mauvais. Il faut trouver un moyen de leur dire que vous valez mieux. » J'acquiesce à mon tour : « Je pourrais porter un tee-shirt "J'étais 25ᵉ" ou même une casquette. *(Un silence.)* — Oui, c'est vrai. *(Un silence.)* C'est ridicule. *(Un silence.)* Ce système est fou et je suis en train de dire n'importe quoi. Oubliez ça, foncez ! »

28 mars La foire d'empoigne continue. En cours d'anglais, j'ai appris que de l'autre côté de la Manche on appelait ça « *the rat race* ». Dans les locaux de l'avenue de l'Observatoire, deux camarades s'entretiennent : « Si tu me laisses la direction de la Sécurité sociale pour aller dans la préfectorale, je te promets de convaincre Luc de prendre le poste de chargé de mission aux transports. » Pour la Direction du budget, l'une des destinations favorites des élèves, quarante-trois candidatures ont été posées, transformant le processus de sélection en usine de recrutement. Certains candidatent sur un poste pour en bloquer l'accès, sans même envisager une seconde de rejoindre ladite direction. En mélangeant obscurément classement et *job dating* amateur, la réforme annoncée par le président Sarkozy, qui n'a jamais été mise en place, sème la panique. Les élèves bien classés prennent peur de se voir ravir les places dites prestigieuses par des candidats moins bien classés mais meilleurs en entretien.

Du danger d'être à la pointe

29 mars   Les bottiers sont des gens heureux, encore faut-il qu'ils ne sortent pas derniers de la chaussure, car même dans les grands corps, des miettes restent des miettes. L'un de mes camarades entre la 10ᵉ et la 15ᵉ place n'a plus que la Cour des comptes à se mettre sous la dent. Je lui demande pourquoi il ne rejoint pas un autre corps, fût-il moins « grand ». Il prend le temps de réfléchir, comme s'il ne s'était encore jamais posé la question, puis lâche, avec fatalisme, qu'on attend d'un conseiller à la Cour qu'il rédige des notes de synthèse, ce qu'il sait faire aux petits oignons, et sans trop d'efforts encore. « Et toi, me demande-t-il en retour, pourquoi as-tu choisi le tribunal de Montreux ? — Pour payer moins d'impôts et pour le lac Léman. — Pardon ? — Non, très franchement, pour le festival de jazz. »

Le der des der

30 mars   Ce soir, j'en aurai (presque) fini avec
14 h 00   l'ENA. L'amphi-garnison est plein d'une
rumeur confuse. Même nos camarades bottiers qui
avaient snobé les amphis blancs sont présents, le
torse légèrement bombé. C'est l'heure de choisir
définitivement notre première affectation, de signer
notre engagement à servir l'État durant dix ans.

Mais avant de signer, il est admis qu'on dise un
mot, si on le désire. Je n'aime pas particulièrement
prendre la parole en public et préfère la discrétion.
Mais l'hypocrisie ambiante me donne envie de
contraindre mon premier élan. Au vu des moyens
engagés par la République, au vu de l'énergie et du
potentiel des élèves, au vu de ce que pourrait offrir une
école de cette nature, nous aurions dû en sortir gran-
dis. Il n'en a rien été. Nous avons passé vingt-sept mois
à panser les blessures infligées par la tradition. Le système stérilise toute action collective, déstructure, fait
plier. La direction et les anciens élèves, en entretenant
l'indécence pédagogique, sont responsables de cette
mécanique perverse et du lot de souffrances qu'elle
perpétue. Les plaintes n'ont pas manqué, tous les
élèves en formulaient, mais elles ne perçaient jamais la
chape de plomb, et quand une évadée atteignait le
sommet, on lui opposait le silence. Je décide donc
d'écrire quelques lignes. Je les soumets ensuite aux
camarades de promo dont je me sens le plus proche
afin qu'ils me confirment que je n'exagère pas, que je
ne suis pas en train de délirer. Sasha valide : « Moi, je
ne le ferai pas et je ne te défendrai pas devant les
autres, mais tu dois le faire. » Ulysse le suit : « Je suis

d'accord avec tout, et c'est cohérent avec ce qu'on s'est dit pendant la scolarité. » Michel approuve : « C'est juste, et ça fera du bien de l'entendre. » Je glisse le papier dans ma poche, espérant secrètement qu'un autre parlera avant moi, que je n'aurai qu'à applaudir.

14 h 10 Le premier rang est occupé par la direction. Sur les côtés, les agents de l'ENA. Au centre, les élèves assis par affinités. Le major arrive dans les derniers avec un œil à demi poché. L'amphi bruit brusquement de chuchotements : la veille, il aurait mené contre le videur d'un bar strasbourgeois, où s'étaient retrouvés des membres de la promotion, un combat titubant mais héroïque. La délégation fait un bref discours, puis M. le directeur prend la parole. Il commence par rappeler à quel point le monde entier envie notre École. Sans doute fait-il allusion aux reproductions qui existent dans plusieurs États où la France n'a pas été sans influence : au Sénégal, au Maroc, au Liban, en Syrie par exemple. L'ENA y a en effet essaimé, mais pour donner naissance à des coquilles vides, cache-misère de la formation des élites locales. Il rappelle combien nous pouvons être fiers de faire partie de l'élite administrative française et nous remet en garde : tout ce que nous pourrions dire demain de négatif sur l'École saperait la réputation de tous ; nous sommes désormais les gardiens du temple. Applaudissements nourris. Nous pouvons passer à l'appel des noms.

14 h 20 Le rituel est simple : le major est appelé, puis toute la coterie par ordre décroissant… Nous montons un à un sur la scène, serrons la main du directeur qui nous congratule et nous asseyons face au micro. Là, nous annonçons notre choix – *a priori* sans surprise, si l'on respecte les amphis blancs – et signons notre engagement à servir. À ce moment-là tout le monde applaudit, de façon plus ou moins soutenue selon les personnes. J'attends désespérément que quelqu'un prenne la parole. La 5ᵉ dit quelques mots : elle a trouvé ces vingt-sept mois incroyables et l'ambiance va lui manquer. (Ses courriels durant la scolarité étaient plus désenchantés.) Elle fait cependant un choix notable en boudant les grands corps pour la préfectorale. Nous l'applaudissons, impressionnés par son audace, tant il est courageux chez le père Ubu d'écouter ses envies au mépris des coutumes.

Le 10ᵉ passe, toujours pas d'intervention.

L'élève que le Quai d'Orsay a rejeté monte sur scène et choisit, malgré les pressions, de rejoindre le ministère des Affaires étrangères. Bruissement dans la salle. Certains expliquent ensuite faire « un choix de raison », d'autres « un choix de passion ». Alberto est plus franc : « Pour moi, ce n'est ni un choix de raison, ni un choix de passion : juste une garantie d'assister gratuitement à Roland-Garros. »

15 h 02 Le 22ᵉ, 23ᵉ, 24ᵉ, c'est à moi. Je grimpe à la tribune à reculons. Mes vingt-sept mois défilent. Un kaléidoscope d'images qui s'entrechoquent. Mélange de souffrances, de frustrations, de temps perdu. Quelques belles et trop rares rencontres. Vingt-sept mois qui auraient pu prendre la forme d'une aventure intellectuelle passionnante et sur lesquels j'avais fondé d'immenses espoirs, malgré mes préventions. Je me suis astreint, comme mes camarades, à une préparation intensive et harassante. J'ai cru en cette mission exigeante portée par l'image et les textes fondateurs de l'École. En vain.

15 h 03 J'y suis. Je vérifie une dernière fois la présence de mon « discours » dans ma poche intérieure. Le directeur me serre la main et me félicite. Il ne voit pas qui je suis, comme il n'a pas vu qui étaient les autres. À part le rendez-vous initial, il ne nous a jamais vraiment côtoyés. Je m'assois. Je regarde ceux à qui j'ai fait relire mon texte. Mes yeux leur demandent : « Pourquoi moi ? » Je sors la feuille de ma poche, la déplie dans un tremblement. Le directeur est assis à côté de moi, content de lui. Je le regarde un court instant. Comme chaque année à la même époque, il savoure cette cérémonie qui lui renvoie l'image de sa mission accomplie. Il tourne la tête vers moi et me sourit. Je commence : « Si vous me permettez, monsieur le directeur, j'aimerais dire quelques mots. » Il continue à me sourire et m'invite à prendre la parole.

Monsieur le directeur, le sentiment qui nous anime aujourd'hui ne doit pas occulter les vingt-sept mois qui viennent de s'écouler.

Lorsque vous avez reçu chaque élève en début de scolarité, vous m'avez affirmé en entretien individuel que j'étais venu à l'ENA pour me constituer un carnet d'adresses et que je repartirais dans le privé aussitôt la formation terminée. Vous aviez tort et vous aviez raison. Tort car j'entrais à l'École pour me former à l'administration, y trouver excellence, pédagogie et ouverture d'esprit. Raison car l'ENA n'est pas une école mais un sas de vaccination contre les travers de l'administration : incohérence des instructions, absence de réflexion pédagogique, autocélébration, frustration, ennui, brimades, infantilisation. Jusqu'à ce dernier mois et ce jeu pervers de chaises musicales, durant lequel on voit des passionnés de diplomatie choisir des ministères sociaux et des passionnés de problématiques sociales choisir la diplomatie.

Monsieur le directeur, vous aviez donc raison. J'ai pensé partir. Mais en lisant dans une brochure qui nous a été remise que la juridiction administrative protégeait les citoyens contre les abus et les erreurs de l'administration, je me suis dit qu'après en avoir tellement observé ici c'était peut-être là que je retrouverais le sens perdu de ma scolarité.

C'est pour cela, monsieur le directeur, que je choisis le corps des conseillers de tribunaux administratifs.

15 h 06 Le directeur fronce un peu les sourcils mais ne s'embarrasse d'aucun regard. Les applaudissements sont peu nourris. J'étais mal à l'aise en montant sur l'estrade, je le suis encore plus en retournant m'asseoir. Je me sens vidé. Mon téléphone se met à vibrer, plus d'une dizaine de camarades de promo m'envoient des textos : « Bravo ! », « Tu as parlé pour nous tous ! », « Alors toi, tu es sacrément burné ! », « Merci ! »... Quant à moi, j'ai le sentiment de n'avoir parlé pour personne, seulement d'être resté en cohérence avec mon engagement initial, celui qui m'a fait passer le concours et qui m'alertait chaque fois que je commençais à jouir de ma position.

Il reste encore une bonne cinquantaine d'élèves après moi. Personne n'enchérira. Pis encore, l'un de mes camarades se fendra d'une pique : « Je pense que ce n'est pas le lieu pour critiquer l'École. »

16 h 30 Après le joyeux brouhaha qui suit le choix du dernier de la promotion, le directeur prend la parole pour nous remercier, et se tourne vers moi : « Il a dû y avoir entre nous une incompréhension :

278

je ne me rappelle plus notre entretien, mais sachez que j'ai toujours servi l'État et cherché à travailler au mieux pour l'intérêt général. Vous savez, une carrière administrative est parfois compliquée, et si vous avez besoin de conseils, je serai toujours là pour vous en donner. » Il nous manquait un cours magistral sur la langue de bois.

16 h 35 La séance est levée.

16 h 36 Les matricules se séparent.

Plus rien n'arrêtera désormais la promotion Ubu Roi dans sa chute libre vers le sommet de l'État.

REMERCIEMENTS

Merci à Cédric Weis – éditeur aguerri, compréhensif, complice, patient – de son intelligence, son professionnalisme, son implication minutieuse dans l'écriture et son sens de l'ironie, sans lequel rien n'aurait été possible (à charge de revanche pour l'aide à la préparation du 3ᵉ concours).

Merci à Ariel Kenig, de m'avoir soufflé l'idée du projet et mis patiemment, et avec talent, l'encre à la plume, relayé ensuite par Axl Cendres, Régis Delicata, Christophe Ferré, et l'insomniaque Christophe Quillien.

Merci à Emmanuel Mayer, Rémi Bastille, Emmanuel Dupuis, Mikhael Ayache, Ariane Cronel, de leur amitié, leurs conseils, et leur soutien.

Merci aux conseillers occultes : Gautier Renault, Maud Leclair, Manuel Carcassonne, Hubert Caillard, Benjamin Sarfati, Stéphane Penaud, Marion-RAP, XG.

Merci à ceux qui m'ont supporté tout au long de cette période... et au-delà : Mimi, Mathilde et Quentin, Laurent, Claudine et Léa, JPS, la famille Donot, Huguette Condamin, Fab, Marjo et Morgane, Guillaume, Alexis, Camille, Kéa, Nico-Hawk, Gautier et Elisabeth, SHP, Chu-Chu, Gaspard, Ariane, Constance, Jocelyn, Charles, Marieke, Jeanne et Louise, Jeremy, Steven, Fred, Louise et Raphaël, POU et Philippe, Marie-Mia,

Alexia et Olivia, Maïdi, Fred et Alice, Nella et Nina, Marko, Bony, Léa et Amandine.

Merci à ceux qui m'ont ouvert leur bureau durant ces vingt-sept mois : Robin Ratajczak, Remy Bouallegue, Vincent Duruflé, François Abisaab, Ludovic Rose, Joseph Silva, Luc Batigne, Martine Herlem, Stéphane Attali, Jean Macabiau, Frédéric Kaplan, Bertrand Uguen, Mathilde Kermarrec, Hélène Diverres, Jean-Frederic Desaix, Christian Clément, Anne-Marie Derrien, Patrick Morlier, Patrick Chenard, Michel Morvan, Jean-Philippe Lamy, Marc Mathieu, Richard Deleplanque, David Castello, Larry Weinsberg, Joao Pereira, Évelyne René, Eric Journaux, Arnaud Jean, Mael Besson, Marubeni, Hanae Yamawaki, Lucienne Erstein, la 1ʳᵉ Chambre.

Et merci enfin aux mains expertes de la « fab », mises à *rudes épreuves* : Nathalie Duval, Carine Weber et Maïté Moreno.

contact@promotionuburoi.com

TABLE

Composition et mise en page

NORD COMPO
m u l t i m é d i a

CET OUVRAGE
A ÉTÉ ACHEVÉ D'IMPRIMER
SUR ROTO-PAGE
PAR L'IMPRIMERIE FLOCH
À MAYENNE EN NOVEMBRE 2012

N° d'éd. : L.01EHBN000559.A003. N° d'impr. : 83641.
Dépôt légal : septembre 2012.
Imprimé en France